# 散打技术与实战训练

王智慧 编著

人民体育出版社

图书在版编目（CIP）数据

散打技术与实战训练 / 王智慧编著. -- 北京：人民体育出版社, 2012 (2022.11重印)
ISBN 978-7-5009-4200-9

Ⅰ.①散… Ⅱ.①王… Ⅲ.①散打（武术）-运动技术②散打（武术）-运动训练 Ⅳ.①G852.4

中国版本图书馆CIP数据核字(2011)第259384号

\*

人民体育出版社出版发行
三河兴达印务有限公司印刷
新 华 书 店 经 销

\*

850×1168　32开本　12.5印张　300千字
2012年9月第1版　2022年11月第9次印刷
印数：32,001—34,000册

\*

ISBN 978-7-5009-4200-9
定价：39.00元

社址：北京市东城区体育馆路8号（天坛公园东门）
电话：67151482（发行部）　　邮编：100061
传真：67151483　　　　　　　邮购：67118491
网址：http://www.psphpress.com
（购买本社图书，如遇有缺损页可与邮购部联系）

# 前　言

　　2011年3月，我偶尔浏览网页时看到某高校的一个课业交流论坛，论坛中有一条"给武术老师的建议"吸引了我，帖子的大概内容是学生通过一学期的武术课学习后觉得跟想象的差距很大，本来是抱着防身自卫、强健体魄的目的选了武术课，但实际学习的却是太极扇，而且老师在教学中不断强调动作怎样做起来才够漂亮，学生觉得就像是上舞蹈课，于是在帖子中谈了自己对武术的看法以及对老师的建议，"要求老师在教学中要突出武术的本质，满足学生防身自卫的兴趣需要"。这个帖子有几十个跟帖，大部分跟帖的同学表示认同，也有的为老师辩护，还有的同学建议其学习空手道或者跆拳道。读完这个帖子后颇有感触，本来我是预感不会有什么深知熟见的，但是一阅之下却引发了我对武术散打发展问题的思考，也进一步印证了我对治学方式的取舍弃保。

　　这里有必要对武术的概念作一个简单的梳理，国家武术运动管理中心在2009年组织专家论证给武术下的最新定义是："武术是以中华文化为理论基础，以技击方法为基本内容，以套路、格斗、功法为主要运动形式的传统体育。"应该说这一定义是对武术科学、全面的概括，即武术包括套路、格斗和功法三个主要的运动形式，这三个主要的运动形式都是围绕着技击方法展开的。简单来讲，所谓套路是将"踢、打、摔、拿、跌、击、劈、刺"等攻防技击素材，按照一定的顺序组合在一起以表演方式进行演练的组合动作，如：太极拳、长拳、刀术、枪术、棍术等等，当然也包括上文提到的"太极扇"。从竞技的角度来看，套路是通过打分来衡量演练水平，武术套路属于技能主导类表现难美的项目。功法即武术传统练功的一些方法，通过击破、极限挑战和限制性的角力等表现形式来展现练习者功力水平的运动项目，如：单掌开砖、二指禅、桩上徒搏、飞针穿玻璃等。格斗运动形式的典型代表即指散打，武术散打是中华武术的重要组成部分，是以中华文化为理论基础，以技击方法为基本内容，以搏击格斗为主要运动形式的对抗性项目。武术散打主要由"踢、打、摔、拿"四个技击要素组成，其最终目的是通过实战来体现个人的格斗能力。散打属于技能主导类格斗对抗性项目，是通过击中对方有效部位的得分累积或击倒对方来衡量比赛胜负的。无论是套路、散打还是功法都是以技击方法为核心的，其本质来源于古代生产劳动和战争中格斗经验的积累，这种积累在数千年中华文化的孕育下形成了今天独特的中华武术，是中华民族勤劳与智慧的结晶。

实事求是地讲，今天的武术发展并不尽如人意，准确地说应该是喜忧参半；喜的是我们发掘整理了129种传统拳种，用了30年左右的时间将武术传遍了五大洲100多个国家，形成了套路、散打等不同形式的竞技载体；忧的是武术在国内的普及并不好，尤其是在庞大的青少年群体中几乎可以说是到了"名存实亡"的地步。2008年国家体育总局武术研究院为了解学校武术的开展情况对全国30个省、市、自治区的252所普通中小学的武术教育现状进行调查研究，并将调查列

## 前言

入国家体育总局武术研究院的重大项目,历时近三年,发放问卷13631份,其结果显示:作为国粹的武术在中小学开展得非常不乐观,仅有30%的学校开设武术课程,有70%的学校没有开设武术课;有些学校不仅没有增设武术教学内容,反而削减了武术课以增加跆拳道等域外武技项目的比重;学生了解武术的主要渠道来源于影视小说;已经开设武术内容的学校,武术的教学任务由普通体育教师(所占比例为70.8%)来承担且开设的课程以套路为主。这个数据从另一个角度反映出前文那名大学生的困惑。这也就造成将武术认识为"武术即是太极拳、太极扇"而"散打"是另类项目。从而导致了"博大精深"的中国武术在实际教学中几乎沦落为"肢体运动"和"操化表演","博大精深"与"薄小俗浅"形成了鲜明的对比。这也对教师提出了新挑战,首先教师应该全面地认识武术,然后在教学中明确教学内容,课程的开设要紧扣武术的主体概念,即"武术套路"或"武术散打"。需要说明的是这并不是进一步加深套路与散打的界限,而是提倡在武术套路课中应以套路为主体辅以散打教学,武术散打课中应以散打为主辅以套路教学。只有这样才能使学生全面认识武术了解武术,进而实现传统文化的传承。武术是我们的传统体育文化,是中华民族独特的文化象征。正如文化部部长孙家正在《中国非物质文化遗产保护成果展》的题词中写的那样"当历史的尘埃落定,一切归于沉寂之时,唯有文化以物质的或非物质的形态留存下来。它不仅是一个民族自家认定的历史凭证,也是这个民族得以延续,并满怀自信走向未来的根基和智慧与力量的源泉"。

基于上述原因，散打作为武术搏击的最高表现形式，其推广、发展与普及应该引起我们的关注，尤其是作为散打教师更是深感肩上责任重大。我们呼吁更多的人关注散打运动，更多的青少年投入到散打习练中来。只有这样才能形成一股强劲而有力的洪流，冲破一切现实的阻碍和思想的束缚。

散打古代被称为"相搏、手搏、卞、弁、手战、白打"等，近代被称为"散招、拆手、拆招、招术"等。散打是现代称谓，其母体是中华武术。现代散打是经过三十多年的发展所形成的完善体系。值得高兴的是近年来随着散打职业赛事的增多，特别是武术散打在与泰拳、空手道、跆拳道等域外搏击项目对抗中所展现的优势，促使更多的人开始关注散打运动并投入到散打的习练中来。资料显示，目前全国注册的专业散打运动员有近3000人，加上后备人才有10000人左右，国内外武术散打的练习者和爱好者约有数百万人，关注武术的人群将以亿计，这个数据应该是有史以来的顶峰。在这样一个背景下撰写一部散打技术与实战能力的著述，对习练者加以引导显得尤为重要，我的这种初衷与人民体育出版社孔令良老师的想法不谋而合，正是在孔老师的大力支持下《散打技术与实战训练》才得以顺利地与广大读者见面。

本书重点面向散打初学者、运动员和教练员。在编写过程中突出了散打学习的一般规律，体现了从简单到复杂、从单一到多样的特点，遵循了科学性与系统性的原则。本着求真务实、去伪存真的原则，力求做到通俗易懂、简明易学、突出散打竞技比赛的实用性。本书从散打的基本技术体系到基本技术练习方法，从基础步法到攻防对练，从专项素质到实战能力都逐一进行了介绍。

## 前言

　　书中的技术图片由我的学生张建、肖泰等协助拍摄，在此深表感谢！同时向所有关怀和帮助过我的专家和领导表示诚挚的谢意。本书的付梓，与上述诸位的辛勤劳动是分不开的。

　　国运兴，则体育盛，躬逢盛世，为求对武术散打事业的点滴贡献，谨不避愚陋与繁琐，呈此微薄之作，难免有疏漏之处，请广大专家、读者不吝指正！

2011年9月于北京

# 目 录

## 第一章 散打技术训练的原则、阶段划分与训练要点 …………… (1)

### 第一节 散打技术训练的原则与阶段划分 ……… (1)
一、散打训练原则 …………………………………… (1)
二、散打技术形成的阶段划分 …………………… (2)
### 第二节 散打技术形成的各阶段训练要点 ……… (2)

## 第二章 实战姿势与实战核心要素 …………… (4)

### 第一节 实战姿势 …………………………………… (4)
### 第二节 实战核心要素 …………………………… (5)
一、时间与时间差 ………………………………… (6)
二、反应与反应时 ………………………………… (6)
三、距离与距离感 ………………………………… (6)

## 第三章 步法技术训练 ……………………………… (11)

### 第一节 滑步 ………………………………………… (11)
一、滑步技术 ……………………………………… (11)
二、滑步的基本训练 ……………………………… (14)
### 第二节 上步 ………………………………………… (16)
一、上步技术 ……………………………………… (16)

二、上步训练方法 …………………………………… (16)

第三节 撤步 ………………………………………… (17)

一、撤步技术 ………………………………………… (17)

二、撤步训练方法 …………………………………… (18)

第四节 换步 ………………………………………… (18)

一、换步技术 ………………………………………… (18)

二、换步训练方法 …………………………………… (19)

第五节 盖步 ………………………………………… (20)

一、盖步技术 ………………………………………… (20)

二、盖步训练方法 …………………………………… (21)

第六节 单跳步 ……………………………………… (21)

一、单跳步技术 ……………………………………… (21)

二、单跳步训练方法 ………………………………… (22)

第七节 纵步 ………………………………………… (23)

一、纵步技术 ………………………………………… (23)

二、纵步训练方法 …………………………………… (24)

第八节 插步 ………………………………………… (25)

一、插步技术 ………………………………………… (25)

二、插步训练方法 …………………………………… (26)

第九节 垫步 ………………………………………… (27)

一、垫步技术 ………………………………………… (27)

二、垫步训练方法 …………………………………… (27)

第十节 环绕步 ……………………………………… (28)

一、环绕步技术 ……………………………………… (28)

二、环绕步训练方法 ………………………………… (29)

第十一节 跨步 ……………………………………… (30)

一、跨步技术 ………………………………………… (30)

## 目 录

　　二、跨步训练方法 …………………………………（31）

**第四章　进攻技术训练** ………………………………（32）

　　第一节　拳法技术训练 …………………………（32）
　　一、直拳 ………………………………………（33）
　　二、摆拳 ………………………………………（42）
　　三、勾拳 ………………………………………（55）
　　四、转身鞭拳 …………………………………（69）
　　第二节　腿法技术训练 …………………………（79）
　　一、正蹬腿 ……………………………………（79）
　　二、侧踹腿 ……………………………………（108）
　　三、鞭腿 ………………………………………（137）
　　四、劈腿 ………………………………………（170）
　　五、转身摆腿 …………………………………（184）
　　六、后蹬腿 ……………………………………（200）
　　第三节　膝法技术训练 …………………………（217）
　　一、膝法技术 …………………………………（217）
　　二、膝法训练方法 ……………………………（222）
　　第四节　摔法技术训练 …………………………（234）
　　一、接腿摔 ……………………………………（234）
　　二、近身摔 ……………………………………（250）

**第五章　防守技术训练** ………………………………（266）

　　第一节　接触性防守 ……………………………（266）
　　一、阻挡防守 …………………………………（266）
　　二、格架防守 …………………………………（270）
　　三、推拍防守 …………………………………（274）

四、截击防守 …………………………………… (280)
　　五、抱抄防守 …………………………………… (284)
　　六、搂腿 ………………………………………… (289)
　　七、挂挡防守 …………………………………… (291)
　　八、防摔技术 …………………………………… (294)
　第二节　非接触性防守 …………………………… (298)
　　一、步法闪躲防守 ……………………………… (298)
　　二、身法闪躲防守 ……………………………… (299)

## 第六章　防守反击技术训练 ……………………… (302)

　第一节　拳法的防守反击 ………………………… (302)
　　一、拳法防守反击技术范例 …………………… (302)
　　二、动作关键与训练方法 ……………………… (306)
　第二节　腿法的防守反击 ………………………… (306)
　　一、腿法的防守反击技术范例 ………………… (306)
　　二、动作关键与训练方法 ……………………… (310)
　第三节　拳法与腿法组合防守反击 ……………… (311)
　　一、拳法与腿法组合防守反击技术范例 ……… (311)
　　二、动作关键与训练方法 ……………………… (316)
　第四节　拳、腿、摔组合的防守反击 …………… (317)
　　一、拳、腿、摔防守反击技术范例 …………… (317)
　　二、动作关键与训练方法 ……………………… (322)
　第五节　反反击技术 ……………………………… (322)
　　一、反反击技术训练范例 ……………………… (323)
　　二、动作关键与训练方法 ……………………… (330)

# 目 录

**第七章 散打专项身体素质训练** …………………… (332)

第一节 专项力量训练 ……………………… (332)
一、最大力量的训练方法与要求 ……………… (332)
二、速度力量的训练方法与要求 ……………… (337)
三、力量耐力的训练方法与要求 ……………… (341)
第二节 专项速度训练 ……………………… (346)
一、反应速度训练方法与要求 ………………… (347)
二、动作速度的训练方法与要求 ……………… (349)
三、位移速度的训练方法与要求 ……………… (350)
四、速度训练的总体要求 ……………………… (350)
第三节 专项柔韧训练 ……………………… (351)
一、柔韧素质训练的目的与方法 ……………… (351)
二、柔韧素质训练的总体要求 ………………… (364)
第四节 专项耐力训练 ……………………… (365)
一、专项耐力的训练目的与方法 ……………… (365)
二、专项耐力素质训练的总体要求 …………… (370)
第五节 灵敏与协调素质训练 ……………… (371)
一、灵敏、协调素质训练的目的与方法 ……… (371)
二、灵敏、协调素质训练的总体要求 ………… (372)
第六节 功力训练 …………………………… (372)
一、击打能力 …………………………………… (373)
二、抗击打能力 ………………………………… (377)

# 第一章 散打技术训练的原则、阶段划分与训练要点

## 第一节 散打技术训练的原则与阶段划分

### 一、散打训练原则

散打技术是散打运动员在竞技或比赛过程中为了实现进攻、防守和反击的战略意图所采取的专门性的方法。这些方法是以战胜对手获得比赛和格斗的胜利为最终目标的。根据散打的技术体系可以把散打技术划分为进攻技术、防守技术、防守反击技术等。这些技术又由具体的步法、拳法、腿法、摔法等组成。散打的技术是学习散打的关键，也是散打运动的基础，技术的掌握程度决定着运动员在比赛的过程中能否完成战术的先决条件，即技术是战术的基础，没有技术作为保障，战术将无从谈起。为此散打技术是散打训练的关键，在散打技术训练时要做到以下五个原则：第一，要严格规范正确的动作方法，形成正确的动力定型；第二，要结合实战在攻守对抗中提高技术的运用能力和准确性；第三，技术的训练要尽量与本人的战术风格相结合；第四，注重培养和发展个人的技术专长；第五，以赛代练，要通过比赛来检验技术的掌握程度。

## 二、散打技术形成的阶段划分

散打的技术训练其核心内容是形成规范的动作标准,养成正确的动力定型。为此了解运动机能形成的生理学规律对于准确把握运动技能的正确形成显得尤为重要。根据运动生理学相关理论,人体的运动机能形成可以划分为三个阶段,即泛化阶段、分化阶段和巩固提高阶段。泛化阶段是技能形成的最初阶段,这是由于大脑皮质的内抑制,分化抑制尚未建立导致兴奋和抑制过程扩散。这一阶段运动员对于动作只有感性的认识,对动作的内在规律还不了解,做动作时较为吃力,表现为动作不协调、僵硬。分化阶段是技能形成的中级阶段,这时大脑皮质运动中枢兴奋和抑制逐渐集中,分化抑制开始逐渐得到发展。这是因为通过不断的练习,运动员开始对技术动作的内在规律有了初步的理解,此时运动员在做动作时错误的动作得到了纠正,动作开始逐渐变得协调和准确,能够顺利连贯地完成动作,同时动作动力定型也随之初步建立。巩固提高阶段为技能形成的高级阶段,这是由于大脑皮质的兴奋和抑制在时间和空间上更加集中和精确。在这一阶段运动员做动作时可出现自动化,动作完成的质量相对准确,建立了巩固的动力定型,而且不易受到外界环境的影响。

## 第二节 散打技术形成的各阶段训练要点

根据上述观点将散打训练的各阶段划分、训练表现特征及训练学要点概括为表 1-1。

## 第一章 散打技术训练的原则、阶段划分与训练要点

**表 1-1　散打技术形成的各阶段训练要点**

| 阶段划分 | 表现特征 | 训练要点 |
| --- | --- | --- |
| 泛化阶段 | 对动作的内在规律还不了解，做动作时较为吃力，表现为动作不协调、僵硬。 | 此时教练员应该抓动作的主要环节和学员存在的主要问题进行训练，不应过多地强调动作的细节，适时地进行"精讲多练"。 |
| 分化阶段 | 此时运动员在做动作时错误的动作得到了纠正，动作开始逐渐趋向协调准确，能够顺利连贯地完成动作，同时动力定型也随之初步建立。但是极易受外界环境的影响而发生改变。 | 此时教练员应该注意强调动作的细节，注意纠正学生的错误动作，严格要求使动作更加准确。 |
| 巩固提高阶段 | 建立了正确的动力定型，动作质量相对稳定，完成的动作准确并出现自动化。 | 此时教练员应该进一步要求，避免消退抑制出现，引导运动员进行技术理论上的学习。 |

　　散打运动机能的形成是一个阶段性的过程，是由视觉、听觉、位觉、皮肤感觉、本体感觉、肌肉感觉和内脏感觉等多种感觉机能参与下同大脑皮质运动中枢建立的暂时的神经联系。为此协同调动多种感觉机能的参与也可以缩短这一过程的学习，如在散打的技能学习过程中视觉有助于帮助我们建立正确的动作，规避和消除错误的动作，听觉可以帮助我们建立正确的动作频率和节奏感，肌肉感觉可以帮助我们强化建立运动条件反射等等。因此教练员要能充分调动机体的各种感觉器官，充分发挥各感觉器官的作用加速运动机能的形成。

# 第二章 实战姿势与实战核心要素

## 第一节 实战姿势

实战姿势就是散打练习前或比赛前所做出的准备动作,这种准备动作犹如一个屏障不仅可以有效地保护自己还可以为进攻对方创造有利条件。保护自己是通过将自身的薄弱环节隐蔽或置于有效的防守条件下,攻击对方是通过实战姿势的调整来选择最佳进攻的角度。拳谚曰:"你忙我不忙、两手护胸膛,你慌我不慌、两手护中央""两肘不离肋、两拳不离心"。就是对实战姿势的生动概括。

**动作关键:**

下颌微收,前手置于下颌与鼻子之间的位置(高不能过鼻子、低不能低于下颌),后手略高于前手,两肘关节与肋部夹紧,肘尖与地面保持垂直,收腹含胸,下颌微收,两膝微屈,两脚略与肩宽,以脚前掌为力点,脚趾抓地,身体重心置于两腿之间,身体处于放松状态,目视前方(图2-1、图2-1附图)。本书示范均以左势为例,下同。

**训练目的:**

熟练掌握实战姿势。

**训练方法:**

①实战姿势练习一般要采取静力性练习为主,1~3分钟为

## 第二章　实战姿势与实战核心要素

图 2-1

图 2-1 附图

一组，做 3~5 组练习，组间休息 30 秒至 1 分钟，休息采用积极性的放松与转换训练为宜，练习时引导运动员从上至下或从下至上进行动作纠正。

②与步法结合练习，通过步法移动来检验实战姿势的稳定性。

③与防守技术结合练习来检验防守的能力。

**训练要求：**

合理控制身体重心，练习的手段、方式要多样化，提示运动员要有假想敌。

## 第二节　实战核心要素

距离、时间与反应共同构成了散打实战训练的核心要素。

## 一、时间与时间差

时间是人类用以描述物质运动的过程或时间发生过程的一个参数。在散打运动中，时间多用于描述对方完成动作过程或时间发生过程的参数，通常以快、慢的直观语言来表示。时间是衡量散打动作速度的唯一标准，动作速度快、用时短能够攻击到对手的可能性就大，相反可能性就小。我们常说的"以快打慢"就是这个道理。时间差是指对方攻击动作启动与完成的时间误差，如对方攻击动作即将完成但还未收回的空当反击或双方距离较远对方运用直拳攻击我方，我迅速以侧踹腿后发先至进行阻截，双方完成动作前后时序的差别即时间差。

## 二、反应与反应时

散打运动员根据对手的攻击动作做出的各种应答行为称为反应，而从对方的攻击动作开始到自己开始做出反应动作叫反应时。反应素质是散打运动员必须具备的前提条件，也是攻防转换的训练核心，围绕运动员反应和反应时的训练，无论是在日常训练或是在搏击实战中都十分重要。

## 三、距离与距离感

距离是构成散打攻与防的关键要素，因此在散打训练伊始培养运动员掌握控制距离的方法与感觉非常重要。实战距离是指与对手之间在空间和时间上相隔的长度，这种长度是适中

## 第二章 实战姿势与实战核心要素

的，是便于进攻与防守的距离。运动员对于这种距离的感觉和判断即称为距离感。如果在实战中与对手保持距离过近就会受到对手的攻击，与对手保持的距离太远就会失去攻防的意义，会出现对手攻击不到你，你也攻击或反击不到对手的局面，因此要保持一个适当的距离，我们通常把这种距离称为实战距离。对于刚参加训练的运动员这种实战距离可以通过与对手或陪练之间的测量获得，对于经过一段散打训练的运动员来讲，这种距离即可以通过直观的感觉测定。需要指出的是这种距离不是绝对的而是根据对手的情况加以修正，在实战中可以根据战术需要进行调整。

### 1. 实战距离的测量方法

与对手或同伴成立正姿势相向站立，双方同时握拳手臂向前平举，拳面互相接触后，左脚不动右脚各向后退半步成实战姿势站立，此时保持的距离即为实战距离。（图 2-2、图 2-3）

图 2-2

散打技术与实战训练

图 2-3

2. 实战距离与距离感的训练方法

**训练目的：**

熟练感知实战距离与距离感。

**训练方法：**

①明确实战距离的定位，危险（进入实战距离以内）与安全（保持实战距离或实战距离以外）的准确距离定位，进行静力性练习。配合步法进行行进间移动练习。

②攻防游戏性练习。

③巧摸对手头、肩和腹部练习。在实战距离的约束下，运动员两人一组，规定一方为进攻方，以左手进攻触摸对手的左肩，另一方为反击方，反击方以右手向外推拍防守的同时以左手反击对方的左肩，进攻或反击次数多者为胜。2~3分钟1组，角色互换交替练习。（图2-4~图2-6）

# 第二章 实战姿势与实战核心要素

图 2-4

图 2-5

图 2-6

9

④巧摸对手头部练习。在实战距离的约束下，运动员两人一组，规定一方为进攻方，以右手进攻触摸对手的头部，另一方为反击方，反击方以左手格架防守的同时以右手反击触摸对手的头部，进攻或反击次数多者为胜。2~3分钟1组，组间角色互换交替练习。（图2-7~图2-9）

图2-7

图2-8

图2-9

# 第三章 步法技术训练

步法是散打技术的基础，在散打比赛中无论是进攻技术还是反击技术都要依靠灵活的步法来完成，快速、多变的步法是调整与对手攻防距离的关键。在实际比赛中有"三分拳、七分步"的说法，由此可见步法在散打实战中的重要地位。散打的步法技术由滑步、上步、撤步、换步、盖步、插步、环绕步、垫步、跨步、纵步、单跳步组成。滑步、上步、撤步、垫步、环绕步等是比赛中较为常用的步法。

## 第一节 滑 步

### 一、滑步技术

滑步是步法技术中最主要的技术之一，在实战中滑步的作用不仅可以用于调整与对手之间的距离，还可以通过滑步来实现躲闪和防守对方的进攻动作。滑步可分为前滑步（图3-1~图3-3）、后滑步（图3-4~图3-6）、左滑步（图3-7~图3-9）和右滑步（图3-10~图3-12）四种。

散打技术与实战训练

图 3-1

图 3-2

图 3-3

图 3-4

图 3-5

图 3-6

## 第三章　步法技术训练

图 3-7 　　　　　图 3-8 　　　　　图 3-9

图 3-10 　　　　图 3-11 　　　　图 3-12

**动作关键：**

实战姿势站立，向哪一侧滑动时哪一侧的脚先动，随之另一侧脚快速跟上；滑动的距离与跟步的距离要相等，膝关节始终保持微屈，以脚前掌抓地，踝关节保持放松状态；移动要平稳快速，预兆要小，启动要突然，手型、步型、身型保持不变。

## 二、滑步的基本训练

**训练目的：**
熟练掌握滑步技术动作。
**训练方法：**
①实战姿势站立，行进间滑步练习，教练员巡回指导。（图 3-13）

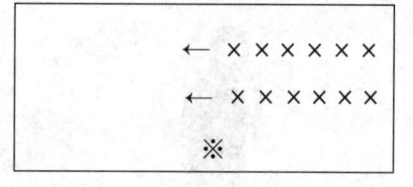

```
← × × × × × ×
← × × × × × ×
        ※
```

图 3-13
注："×"表示运动员，"※"表示教练员，下同。

②实战姿势站立，向前滑 2~3 步变为向后滑步。
③实战姿势站立，向前滑 2~3 步变为向左或向右滑步。
④实战姿势站立，教练员通过声音和口号控制训练，如教练员在数奇数的时候运动员通过听觉快速反应向前滑步，教练员在数偶数的时候运动员通过听觉反应向后滑步。
⑤实战姿势站立教练员通过手势控制训练，如教练员在举起左手的时候运动员通过视觉快速反应向前滑步，教练员在举起右手的时候运动员通过视觉反应向后滑步。

## 第三章 步法技术训练

⑥运动员两人一组实战姿势站立,做步法攻防训练,指定一方运动员为进攻方,另一方运动员为防守方,双方在实战距离的限制下,一方运动员做前滑步进攻,另一方运动员做后滑步或左右滑步防守躲闪。

⑦设置10人一组围成一个直径为6~8米的圆形场地,指定两名运动员进入圆圈内做步法攻防练习,指定一方运动员进攻另一方运动员防守,要求不得跃出其他运动员围的圆形或方形区域内,每当防守运动员接近或者即将跃出界限时其他运动员可以通过象征性的"拳打脚踢"来提示防守运动员。2~3分钟为1局,局间运动员轮流交替练习。(图3–14、图3–15)

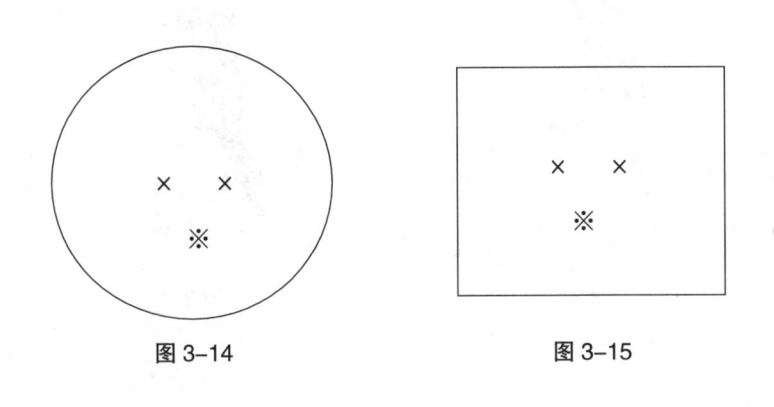

图 3–14　　　　　　　　图 3–15

**训练要求:**

步法训练时应采用有氧训练为主,教练员应深究运动员移动的预兆和稳定性,特别是在攻防训练的时候更要注意运动员的实战姿势稳定和步法的突然性,引导运动员要对对方的动作有所预判,培养洞察能力。避免出现连续的机械性的练习。

## 第二节 上 步

### 一、上步技术

以前脚为轴后脚向前迈步称为上步。（图 3-16、图 3-17）

图 3-16 　　　　　　图 3-17

**动作关键：**
上步时重心要平稳，上步要快。

### 二、上步训练方法

**训练目的：**
熟练掌握上步技术动作。

## 第三章　步法技术训练

**训练方法：**

①实战姿势站立，向前上步练习。

②实战姿势站立，向前滑步 2~3 次然后变为上步练习。

③实战姿势站立，向前滑步变上步后再接滑步练习。

④两名运动员一组做攻防练习。

**训练要求：**

上步技术动作训练时要强调控制身体重心，防守的手型保持不变，步幅长度要适中。

## 第三节　撤　步

### 一、撤步技术

后腿支撑身体重心，前腿后撤称为撤步。（图 3-18、图 3-19）

图 3-18　　　　　　　图 3-19

**动作关键：**
后撤要平稳，注意控制重心，实战姿势随之改变。

## 二、撤步训练方法

**训练目的：**
熟练掌握撤步技术要领。

**训练方法：**
①实战姿势站立，向后撤步换成另一侧实战姿势。
②与上步滑步配合练习。
③两名运动员一组进行攻防练习。

**训练要求：**
注意控制重心，撤步后要有反击意识。

## 第四节 换 步

## 一、换步技术

通过腰部的控制以膝关节和踝关节的力量缓冲来实现左右实战姿势的互换称为换步。（图 3-20、图 3-21）

**动作关键：**
以腰部力量控制。

第三章 步法技术训练

图 3-20

图 3-21

## 二、换步训练方法

**训练目的：**
熟练掌握换步姿势。
**训练方法：**
①实战姿势站立，原地换步训练。
②与其他步法配合训练。
**训练要求：**
换步要平移，避免双腿跳跃腾空过高。

## 第五节 盖 步

### 一、盖步技术

实战姿势站立，后脚经由前脚前侧向前上步，前脚保持不变称为盖步，动作完成后成实战姿势站立。（图 3-22~图 3-24）

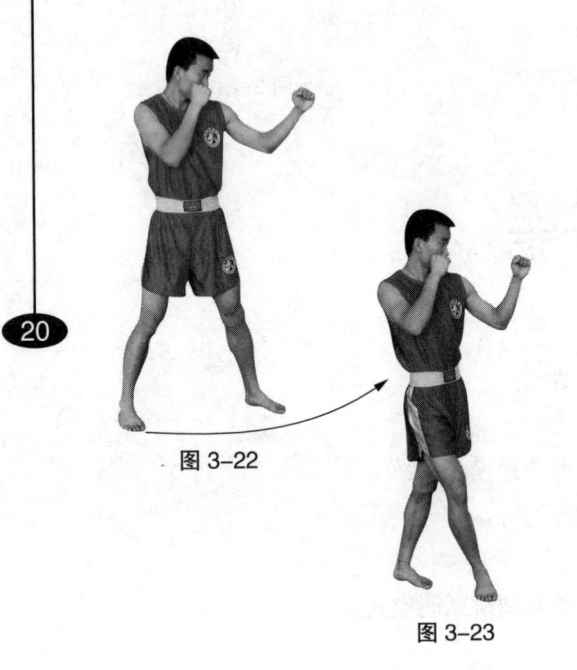

图 3-22

图 3-23

图 3-24

**动作关键：**

盖步上步的步幅不宜过大，完成盖步动作时身体要保持放松状态，防守的手型保持不变。

## 二、盖步训练方法

**训练目的：**
熟练掌握盖步动作。
**训练方法：**
①实战姿势站立，向前盖步。
②与其他步法配合训练。
**训练要求：**
后脚向前蹬移时重心要平稳。

## 第六节　单跳步

## 一、单跳步技术

一腿提起，另一腿支撑身体重心，向前跳动称为单跳步，动作完成后成实战姿势站立。（图 3-25~图 3-27）

**动作关键：**

控制重心要稳，向前跳动的目的是调整距离寻找战机，所以一定要有攻防意识。

散打技术与实战训练

图 3-25

图 3-26　　　　　　　　　图 3-27

## 二、单跳步训练方法

**训练目的：**
熟练掌握单跳步技术。

**训练方法：**
①实战姿势站立，向前单跳步 2~5 次。
②实战姿势站立，向前滑步后变单跳步练习。
③行进间攻防练习。（图 3-28）

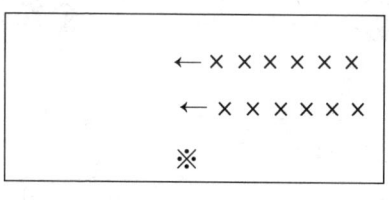

```
    ←××××××
    ←××××××
       ※
```

图 3-28

**训练要求：**
移动步幅要小，重心要平稳，转换要快。

## 第七节  纵  步

### 一、纵步技术

　　以膝关节和踝关节为动力，双脚同时向前或向后跳起移动称为纵步。向前移动为前纵步，向后移动为后纵步。（图 3-29~图 3-32）

**动作关键：**
移动要有弹性，起跳时不宜过高，重点是改变向前和向后的位移。

散打技术与实战训练

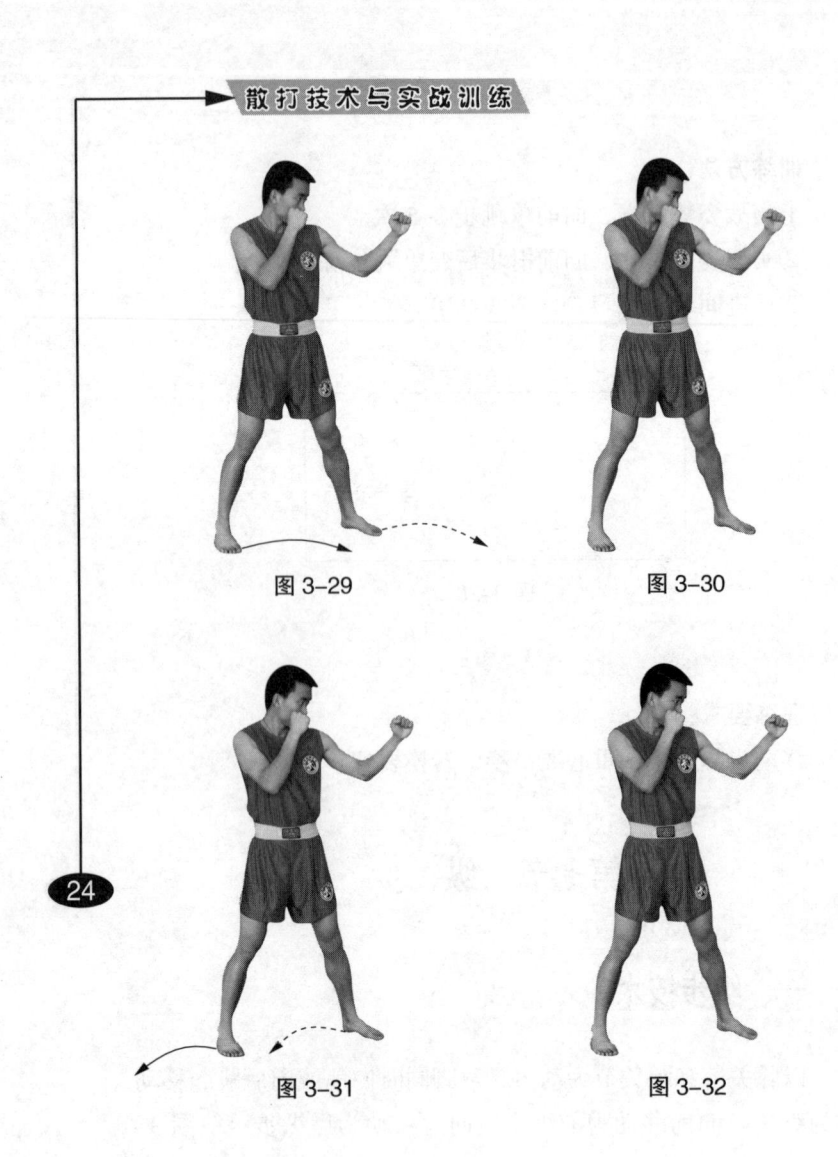

图 3-29

图 3-30

图 3-31

图 3-32

## 二、纵步训练方法

**训练目的：**

熟练掌握纵步技术。

### 第三章　步法技术训练

**训练方法：**

①实战姿势站立，向前或向后纵步练习。

②两名运动员一组，在实战距离的约束下运用纵步调整做攻防练习。

**训练要求：**

应用于快速调整距离，所以训练时要求启动要突然，位移改变转换要快。

## 第八节　插　步

### 一、插步技术

实战姿势站立，后脚经前脚后侧向前上步，前脚保持不变称为插步，动作完成后成实战姿势站立。（图3-33~图3-35）

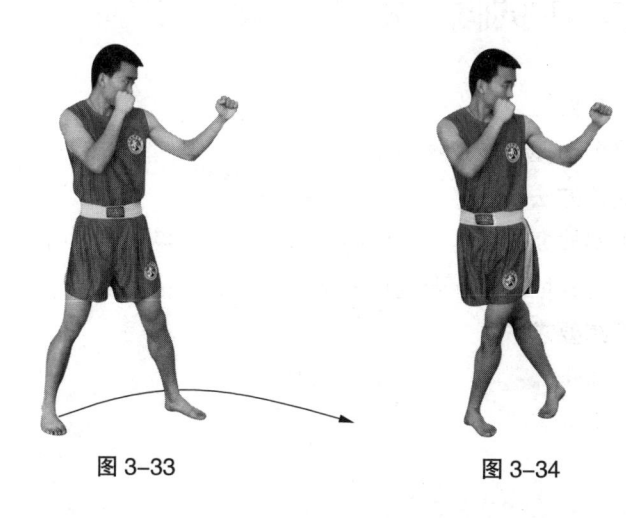

图 3-33　　　　　　　　图 3-34

图 3-35

**动作关键：**
防守手型不变，向前移动的步幅不宜过大。

## 二、插步训练方法

**训练目的：**
熟练掌握插步技术动作。
**训练方法：**
①实战姿势站立，向前插步练习后恢复实战姿势训练。
②与其他步法配合进行训练。
**训练要求：**
同盖步。

# 第三章 步法技术训练

## 第九节 垫 步

### 一、垫步技术

实战姿势站立，后脚向前上步后落于前脚后侧称为垫步，动作完成后成实战姿势站立。（图3-36~图3-38）

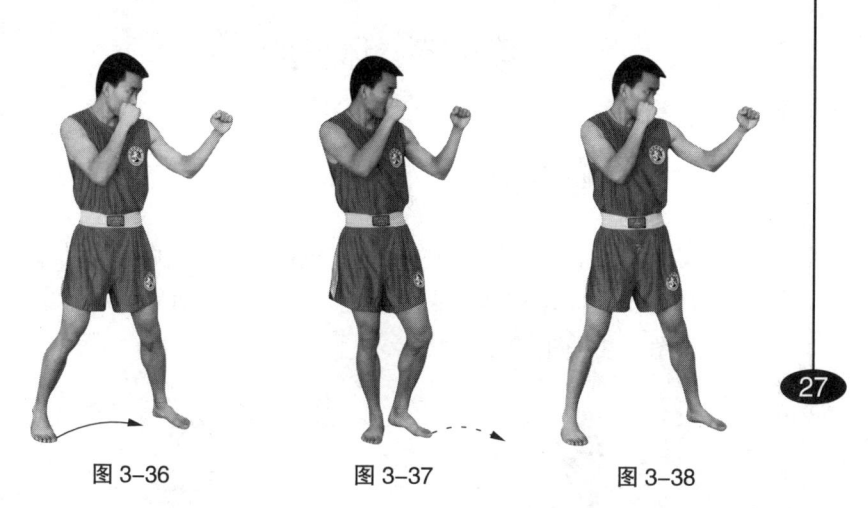

图3-36　　　　　图3-37　　　　　图3-38

**动作关键：**

后脚上步要迅速，注意控制身体重心。

### 二、垫步训练方法

**训练目的：**

熟练掌握垫步技术动作。

**训练方法：**
①实战姿势站立，向前垫步练习。
②垫步技术多用于为前腿进攻做好铺垫，训练时要注意引导运动员寻找进攻时机。
③与其他步法或已经掌握的腿法技术结合训练。
**训练要求：**
后脚蹬地、前落与恢复要协调一致，注意隐蔽性。

## 第十节 环绕步

### 一、环绕步技术

实战姿势站立，身体向左或向右侧成弧形连续做侧滑动作称为环绕步，向左移动称为左环绕步，向右移动称为右环绕步。（图3-39~图3-42）

图3-39　　　　　　　　　图3-40

# 第三章 步法技术训练

图 3-41　　　　　　图 3-42

**动作关键：**
移动步幅要小，衔接要快，控制重心要平稳。

## 二、环绕步训练方法

**训练目的：**
熟练掌握环绕步技术动作。

**训练方法：**
①实战姿势站立，做向左或向右环绕步练习。
②教练员如图 3-43 所示站立，运动员做好实战姿势，教

图 3-43

练员给信号后开始弧形环绕练习。

③攻防躲闪练习，指定一名队员为进攻方，另一名队员为防守方，进行攻防躲闪练习。

**训练要求：**

动作要衔接连贯、快速、方法正确，要有防守意识。

## 第十一节 跨 步

### 一、跨步技术

实战姿势站立，右脚（左脚）向右侧（左侧）上步，身体重心随之向右侧（左侧）移动成为跨步。（图3-44、图3-45）

图 3-44 　　　　　　　　图 3-45

**动作关键：**

跨步要突然迅速，身体重心随之移动要快速。

## 二、跨步训练方法

**训练目的:**
熟练掌握跨步动作。

**训练方法:**
①实战姿势站立,进行向左或向右跨步训练。
②指定两名运动员一组,一方做拳法进攻,另一方跨步躲闪训练。

**训练要求:**
跨步步幅要适中,注意头部的防守。

# 第四章 进攻技术训练

按照攻防技术划分并不是绝对的，没有绝对的防守也没有绝对的进攻，运动员的攻防转换必须迅速，往往在实战过程中进攻技术、防守技术和防守反击技术的概念是很模糊的，因为往往体现的进攻技术中有防守，防守技术中又有进攻或反击。共同构成了"进攻⇄防守⇄反击"的迅速转换，尤其是摔法中的很多技术都是在对手进攻，我方反击的前提下完成的，为了便于清晰的划分，我们暂且将其划为进攻技术的范畴（本节内容如无特殊说明进攻技术，介绍时均为配合步法的技术，应用于反击技术时将在训练方法中另作说明）。

## 第一节 拳法技术训练

拳法与腿法和摔法共同组成了散打技术体系，拳法具有速度快、灵活多变的技术特点，具有较强的杀伤力。在竞技散打中常用的拳法有直拳、摆拳、勾拳和转身鞭拳。直拳也称为冲拳，是直线型攻击技术，主要应用于中远距离的击打，攻击的目标主要是对手头部的正面。摆拳也称为掼拳，是弧线型攻击技术，攻击的目标主要是对手头部的侧面。勾拳也称为抄拳，也是弧线型技术，多应用于近距离的击打，攻击的目标主要是对手的躯干和头部。转身鞭拳是利用转身的动作来加大打击的力度，击打的目标也集中在对方的头部。"蹬地、转腰、急旋臂"是拳法发力的关键，也是训练中体悟技术发力原理的核心。

# 一、直 拳

## 1. 直拳技术

### (1) 左手直拳技术

实战姿势站立，左脚蹬地转腰，同时以腰带肩催肩探臂，左拳迅速内旋向前冲出，右拳置于下颌处防守称为左手直拳，动作完成后恢复实战姿势站立。（图4-1~图4-3）

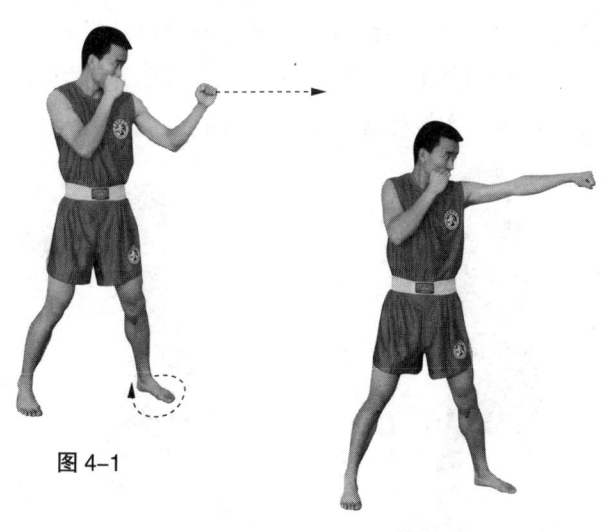

图 4-1

图 4-2

图 4-2 附图 　　　　　图 4-3

## (2) 右手直拳技术

实战姿势站立，右脚蹬地转腰，同时以腰带肩催肩探臂，右拳迅速内旋向前冲出，左拳置于下颌处防守称为右手直拳，动作完成后恢复实战姿势站立。（图 4-4~图 4-6）

图 4-4 　　　　　图 4-5

## 第四章　进攻技术训练

图 4-5 附图　　　　　图 4-6

**动作关键：**

体会"蹬地、转腰、急旋臂"口诀要领，右手（后手）直拳动作转腰要充分，转腰后右腿膝关节应与地面保持垂直。

## 2. 直拳训练方法

**训练目的：**

熟练掌握直拳技术动作和攻防方法。

**训练方法：**

（1）实战姿势站立，原地左右直拳空击训练。

**训练要求：**

初学者不宜用最大力量和速度进行练习，教练员应提示运动员运用自身力量和速度的 30%~50% 进行练习，主要训练目的是强化动作规范、体会动作发力方法和路线。

（2）行进间左右直拳空击练习（前滑步进攻、后滑步反击）。

**训练要求：**

行进间训练的要求是在队员对于所练习的技术动作有了初步的掌握后进行的，此时教练员要提示体现出攻防概念，即实战姿势时要调整放松做好防守，直拳练习时要利用滑步调整距离完成进攻动作。

（3）左右直拳原地打固定手靶训练。（图4-7、图4-8）

图 4-7

图 4-8

## 第四章 进攻技术训练

**训练要求：**

原地打手靶练习既是规范技术动作，又是提高击打力量和感觉的训练形式，此时教练员应提示运动员做到动作与呼吸节奏的配合，即出动作攻击时要呼气、牙齿咬合。

(4) 直拳进攻打手把训练。（图4-9、图4-10)

图 4-9

图 4-10

**训练要求：**

进攻技术打靶练习的步法与拳法要一致，训练时教练员对拿靶队员的靶位要做严格要求，即一定要放在身体目标的区域内（图 4-11），切忌避免双臂伸直后向前拿靶。这样对主练一方的运动员的距离意识培养不利。

(5) 左右直拳打沙包训练。（图 4-12）

图 4-11

图 4-12

**训练要求：**

此时的沙包训练应以提高击打力量训练为主，不宜安排反应意识的训练，运动员的能源供应以有氧代谢为主。

(6) 左右直拳打手靶反击（迎击）训练。（图 4-13、图 4-14）

## 第四章　进攻技术训练

图 4-13

图 4-14

**训练要求：**

要求分配好主练与陪练的角色和任务，主要突出模拟训练，陪练一方的运动员向前拉近距离要真实、适中（本书中的路线标注实线为先动动作，虚线为后完成动作，在摔法中的复杂动作时也表示用力方向，下同）。

(7) 直拳反击鞭腿训练。（图4-15、图4-16）

图4-15

图4-16

**训练要求：**

此方法为模拟训练，要求分配好主练与陪练的角色和任务，这一反击是直线技术破解弧线型技术的典型例子，训练时应注意强调直拳击靶的时机，即要求在对方鞭腿攻击已经做出

## 第四章 进攻技术训练

但尚未接触自己时完成反击为宜。

(8) 直拳反击摆拳训练。(图4-17~图4-19)

图 4-17

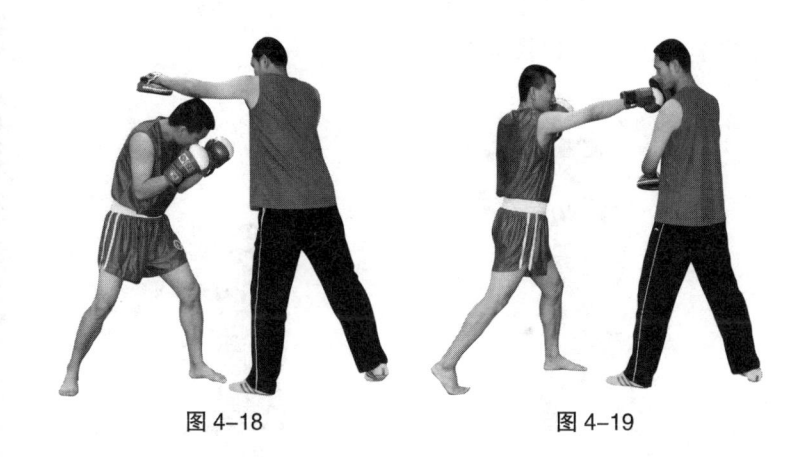

图 4-18                    图 4-19

**训练要求：**

训练时应注意强调直拳击靶的时机，即要求在对方摆拳的模拟攻击已经做出但尚未接触自己时完成反击为宜。另外直拳反击打靶练习必须在实战距离的约束下进行，形成正确的进攻和反击距离感觉，初学者在练习击打手靶时要由原地打靶向滑步向前攻防打靶的过程过渡。另外要着重体会蹬地、转腰、急旋臂的发力过程。

## 二、摆拳

### 1. 摆拳技术

#### (1) 左手摆拳技术

实战姿势站立，左脚蹬地转腰，同时以腰带肩带动左侧手臂由外向内呈弧线旋转冲出，力达拳面，击打完成的同时左前臂与地面平行，右拳置于下颌处防守，动作完成后恢复实战姿势站立。（图 4-20~图 4-22）

图 4-20

图 4-21

## 第四章 进攻技术训练

图 4-21 附图     图 4-22

### (2) 右手摆拳技术

实战姿势站立，右脚蹬地转腰，同时以腰带肩带动右侧手臂由外向内成弧线旋转冲出，力达拳面，击打完成的同时右前臂与地面平行，左拳置于下颌处防守，动作完成后恢复实战姿势站立。（图 4-23~图 4-25）

图 4-23     图 4-24

图 4-24 附图　　　　　图 4-25

**动作关键：**

体会"蹬地、转腰、急旋臂"口诀要领，左或右拳击打过身体的矢状轴（身体的中线位置）时要及时制动。

## 2. 摆拳训练方法

**训练目的：**

熟练掌握动作技术、攻防要领及攻防方法。

**训练方法：**

（1）实战姿势站立，原地摆拳空击训练。

**训练要求：**

初学者不宜用最大力量和速度进行练习，教练员应提示其运用自身力量和速度的 30%～50% 进行练习，主要训练目的是强化动作规范，体会动作发力方法和路线。

（2）行进间左右摆拳空击训练（前滑步进攻、后滑步反击）。

## 第四章 进攻技术训练

**训练要求：**

教练员提示运动员训练时要体现出攻防概念，即实战姿势时要调整放松做好防守，直拳练习时要利用滑步调整距离完成进攻动作。教练员要注意巡回指导纠正，避免运动员出现盲目追求速度与力量的现象出现，应以严格规范动作为主。

（3）摆拳与直拳战术性技术组合空击训练。

①两次拳法组合训练：左手摆拳→右手直拳。（图4-26~图4-29)

图4-26

图4-27

图4-28

图4-29

②两次拳法组合训练：左手直拳→右手摆拳。（图4-30~图4-33）

图4-30

图4-31

图4-32

图4-33

第四章 进攻技术训练

③三次拳法组合训练：左手摆拳→右手直拳→左手摆拳。
(图4-34~图4-38)

图4-34

图4-35

图4-36

图4-37

图4-38

散打技术与实战训练

④三次拳法组合训练：右手直拳→左手摆拳→右手摆拳。（图 4-39~图 4-43）

图 4-39

图 4-40

图 4-41

图 4-42

图 4-43

## 第四章　进攻技术训练

**训练要求：**

组合技术也称战术性技术组合，掌握的顺序是先从原地练习开始逐步过渡至配合步法进攻练习，上述组合动作只是列出常用的典型例子，运动员在实际训练中要举一反三。组合动作要一气呵成，整体性要强，一定要有步法配合，攻防技术动作要明显。

（4）组合技术打靶训练

①左手摆拳→右手直拳。（图4-44~图4-46）

图4-44

图4-45

图4-46

②右手直拳→左手摆拳。（图 4-47~图 4-49）

图 4-47

图 4-48

图 4-49

## 第四章 进攻技术训练

**训练要求：**

严格规范距离与打靶的时机，初练的运动员，陪练的一方可以将靶位固定练习，待到技术动作熟练时陪练运动员将手靶放下然后突然举起让主练一方快速反应攻击，攻击的技术可以单个拳法进攻也可以组合进攻。教练员注意强调陪练运动员拿靶的位置，最好置在自己身体区域范围内。

(5) 摆拳反击技术训练

①摆拳反击直拳训练。（图4-50~图4-52）

图4-50

图4-51　　　　　　　　　　图4-52

散打技术与实战训练

②摆拳反击摆拳训练。（图 4-53~图 4-55）

图 4-53

图 4-54

图 4-55

第四章 进攻技术训练

③摆拳反击鞭腿训练。（图 4-56~图 4-58）

图 4-56

图 4-57

图 4-58

散打技术与实战训练

④摆拳反击正蹬腿训练。（图 4-59~图 4-61）

图 4-59

图 4-60 　　　　　　　　图 4-61

**训练要求：**

此练习属于模拟训练，要求建立条件反射真实，主练与陪练双方要接近实战要求，小组练习时要求按技术质量完成动作，不要过分追求频率和数量。

## 三、勾 拳

### 1. 勾拳技术

#### (1) 左手勾拳

实战姿势站立,身体微向左侧,收腹蓄劲,随即挺腰发力带动左侧手臂向上、向前迅速冲出,力达拳面,拳心指向自己,右拳置于下颌处防守,动作完成后恢复实战姿势站立。(图4-62~图4-64)

图 4-62

图 4-63

图 4-63 附图

图 4-64

## (2) 右手勾拳

实战姿势站立，身体微向右侧，收腹蓄劲，随即挺腰发力带动右侧手臂向上、向前迅速冲出，力达拳面，拳心指向自己，左拳置于下颌处防守，动作完成后恢复实战姿势站立。（图 4-65~图 4-67）

图 4-65

图 4-66

图 4-66 附图

图 4-67

**动作关键：**

勾拳发力动作要借助挺腰的力量，动作要及时制动，幅度不宜过大。

## 2. 勾拳训练方法

**训练目的：**

熟练掌握勾拳技术动作和攻击方法。

**训练方法：**

（1）实战姿势站立，原地勾拳训练。

**训练要求：**

初学者不宜用最大力量和速度进行练习，教练员应提示运动员运用自身力量和速度的 30%～50%进行练习，主要训练目的是强化动作规范体会动作发力方法和路线。

（2）行进间勾拳练习（前滑步进攻、后滑步反击）。

**训练要求：**

行进间练习要注意控制结构，严格要求动作质量。

（3）勾拳打固定手靶训练。（图 4-68~图 4-70）

图 4-68

散打技术与实战训练

图 4-69　　　　　　　图 4-70

**训练要求：**

注意调整距离，保持动作正确规范。

（4）直拳、摆拳、勾拳战术性技术组合训练。

①两次拳法组合训练：左直拳→右勾拳。（图 4-71~图 4-74）

图 4-71　　　　　　　图 4-72

第四章 进攻技术训练

图 4-73     图 4-74

②两次拳法组合训练：左勾拳→右直拳。（图 4-75~图 4-78）

图 4-75     图 4-76

59

图 4-77 　　　　　　　　图 4-78

③两次拳法组合训练：左摆拳→右勾拳。（图 4-79~图 4-82）

图 4-79 　　　　　　　　图 4-80

第四章　进攻技术训练

图 4-81 　　　　　　　图 4-82

④三次拳法组合训练：左勾拳→右直拳→左摆拳。（图 4-83~图 4-87）

图 4-83 　　　　　　　图 4-84

61

散打技术与实战训练

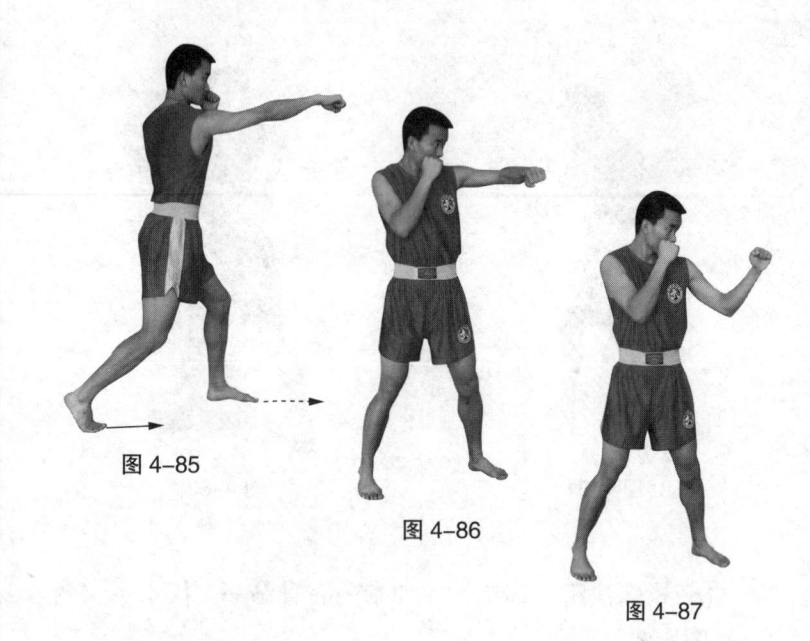

图 4-85

图 4-86

图 4-87

⑤三次拳法组合训练：左摆拳→左勾拳→右直拳。（图 4-88~图 4-92)

图 4-88

图 4-89

## 第四章 进攻技术训练

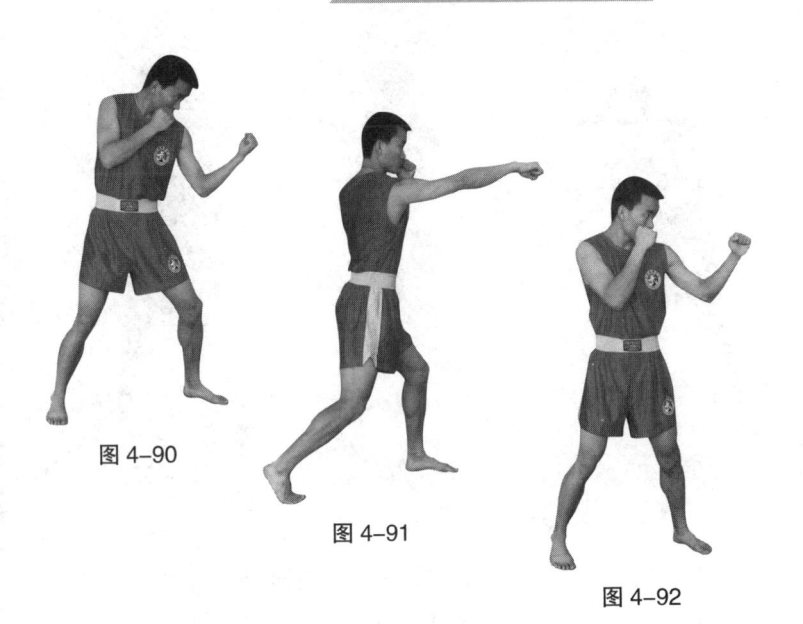

图 4-90

图 4-91

图 4-92

⑥三次拳法组合训练：右直拳→左勾拳→右摆拳。（图 4-93~图 4-97）

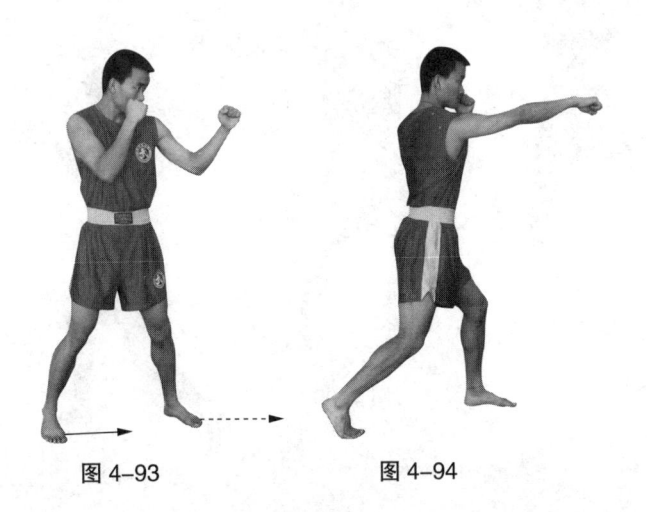

图 4-93

图 4-94

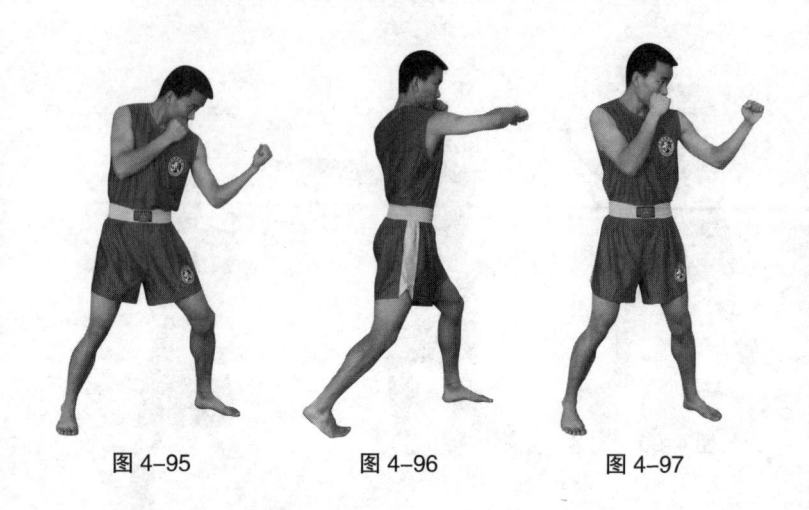

散打技术与实战训练

图 4-95　　　　　图 4-96　　　　　图 4-97

⑦多次拳法组合训练：左直拳→右直拳→左摆拳→右直拳→左勾拳。（图 4-98~图 4-104）

图 4-98

图 4-99

图 4-100

## 第四章 进攻技术训练

图 4-101

图 4-102

图 4-103

图 4-104

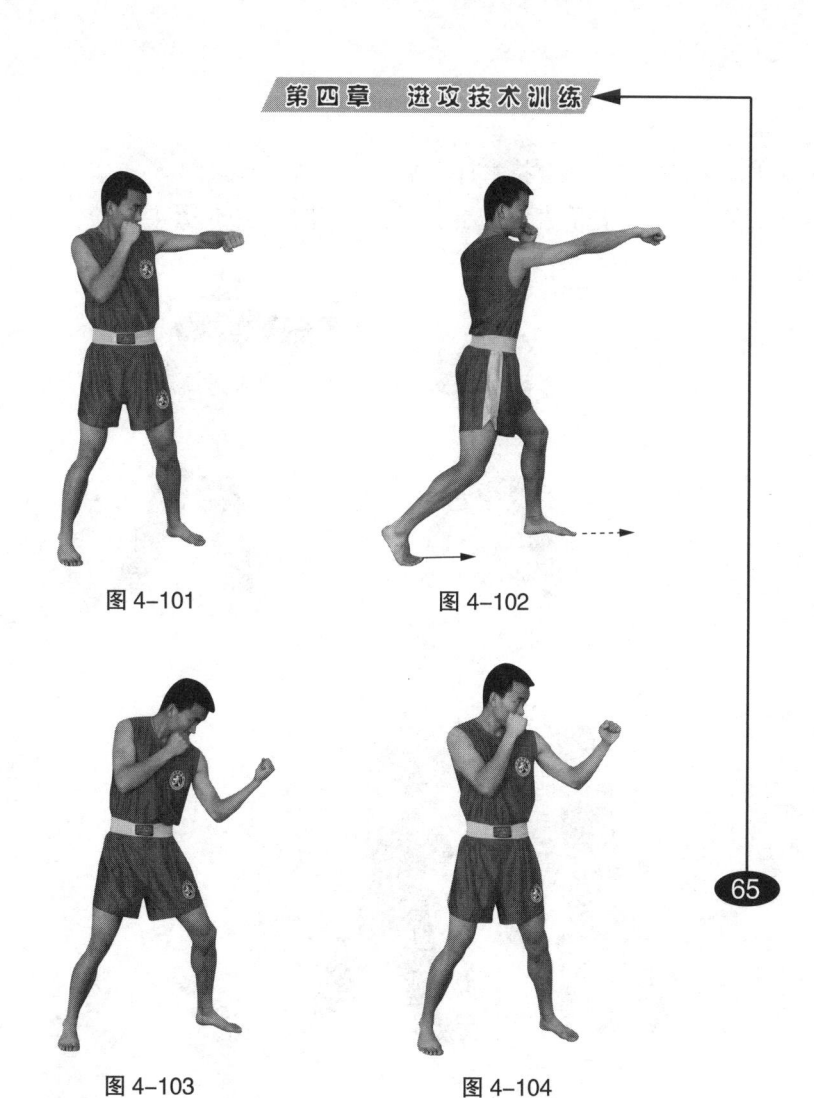

**训练要求：**

上述组合动作只是列出常用的典型的例子，运动员在实际训练中要举一反三。组合动作要一气呵成，整体性要强，一定要有步法配合，攻防技术动作要明显。

(5) 组合技术打手靶训练

①右手直拳→左手勾拳。（图 4-105~图 4-107）

图 4-105

图 4-106

图 4-107

第四章　进攻技术训练

②右手勾拳→左手摆拳。（图4-108~图4-110）

图4-108

图4-109

图4-110

(6) 攻防训练

①手靶模拟喂招训练：陪练一方运动员双手持靶，模拟左手直拳进攻，主练一方运动员躲闪后以勾拳反击打靶。（图4-111、图4-112）

②带拳套模拟攻防训练：两名运动员一组，双方处于缠抱状态，主练运动员以勾拳反击。（图4-113）

图4-111 　　　　　　　　图4-112

图4-113

### 第四章　进攻技术训练

③带拳套模拟攻防训练：两名运动员一组，主练运动员直拳进攻后，陪练运动员欲下潜抱腿，主练运动员以勾拳反击。（图 4-114、图 4-115）

图 4-114

图 4-115

**训练要求：**

模拟训练的状态要真实，要接近实战状态，建立正确的条件反射系统，训练时严格要求动作质量。

## 四、转身鞭拳

### 1. 转身鞭拳技术

转身鞭拳动作虽然是散打拳法技术中的一种，但在实战比赛中并不常用，一般不作为竞技训练的重点技术，但是在比赛中的突然使用也可以让对手猝不及防从而达到得分的目的。

### (1) 左鞭拳技术动作

实战姿势站立,先以左脚为轴,右脚向前上步,身体向左侧转体,然后再以右脚为轴,左脚经由后侧向前上步,同时转身左拳横扫,动作完成后恢复实战姿势站立。(图 4-116~图 4-119)

图 4-116

图 4-117

图 4-118

图 4-119

## 第四章 进攻技术训练

### (2) 右鞭拳技术动作

实战姿势站立，以左脚为轴，右脚经由左脚后侧插步向前，身体随之向右后侧转体，同时右拳向前横扫，动作完成后恢复实战姿势站立。（图 4-120~图 4-123）

图 4-120

图 4-121

图 4-122

图 4-123

**动作关键：**

转身要快，鞭拳要果断，恢复时控制重心要平稳。

## 2. 转身鞭拳训练方法

**训练目的：**

熟练掌握转身鞭拳的技术动作和攻防要领。

**训练方法：**

（1）实战姿势站立，转身鞭拳训练。

**训练要求：**

初学者不宜用最大力量和速度进行练习，教练员应提示运动员运用自身力量和速度的30%~50%进行练习，主要训练目的是强化动作规范体会动作发力方法和路线。

（2）行进间转身鞭拳练习（进攻和反击结合）。

**训练要求：**

行进间训练要注意节奏，体现攻防要素。

（3）转身鞭拳打固定手靶训练。（图4-124~图4-127）

图 4-124

# 第四章 进攻技术训练

图 4-125

图 4-126

图 4-127

**训练要求：**

注意控制距离，以免使手臂受伤。

(4) 拳法战术性技术组合空击训练。

①二次拳法组合空击：右手直拳→上步转身鞭拳。（图 4-128~图 4-132）

图 4-128

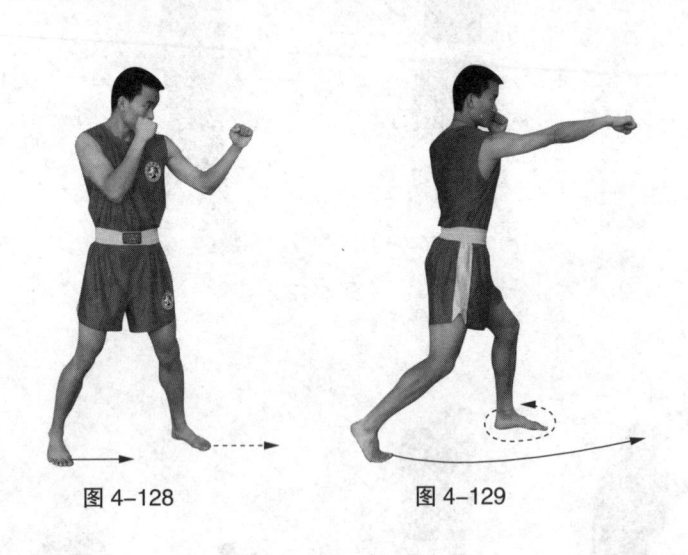

图 4-129

图 4-130

图 4-131

图 4-132

第四章 进攻技术训练

②左直拳→撤步转身鞭拳。（图 4-133~图 4-137）

图 4-133

图 4-134

图 4-135

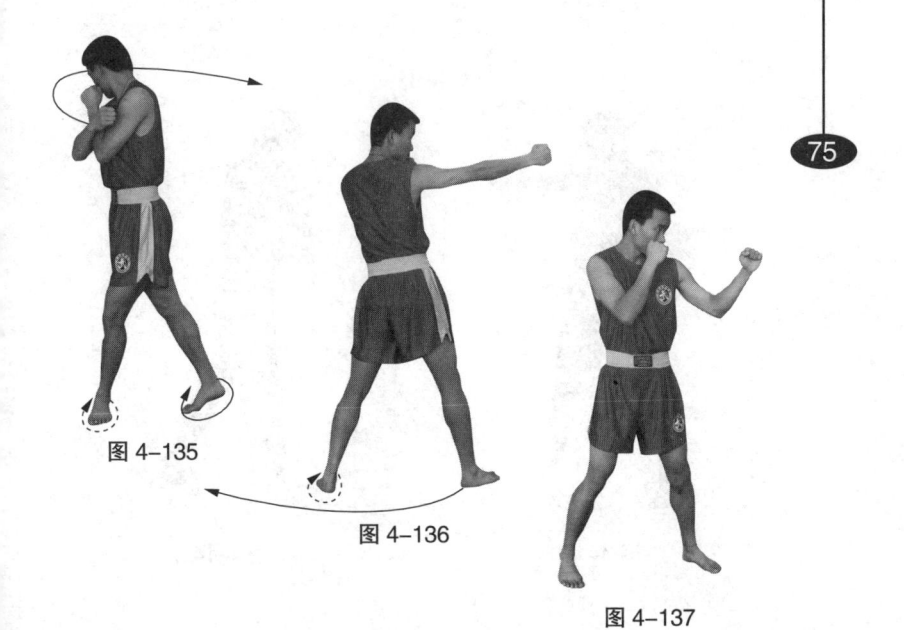

图 4-136

图 4-137

散打技术与实战训练

③三次拳法组合空击：右直拳→左摆拳→撤步转身鞭拳。
（图 4-138~图 4-143）

图 4-138

图 4-139

图 4-140

图 4-141

# 第四章 进攻技术训练

图 4-142

图 4-143

④三次拳法组合空击：左直拳→右摆拳→上步转身鞭拳。
（图 4-144~图 4-149）

图 4-144

图 4-145

散打技术与实战训练

图 4-146

图 4-147

图 4-148

图 4-149

**训练要求：**

组合动作要一气呵成，整体性要强，控制身体重心要平稳，步法配合要协调一致，攻防技术动作要明显。

## 第二节 腿法技术训练

腿法是散打技术体系中最重要的技法之一，在训练和比赛中占有举足轻重的地位，所谓"远踢、近打、贴身摔"中的"远踢"首先指的就是脚踢技术即为腿法。腿法有攻击距离远、打击力量大、实效性强的特点，运用得当往往在比赛中能够给对手造成重创。腿法技术由蹬、踹、鞭、摆、扫、劈等技法组成，内容包括正蹬腿、后蹬腿、侧踹腿、鞭腿、扫腿、后摆腿、劈腿、勾踢、截腿等技术组成。在竞技散打比赛中较为常用的腿法主要有正蹬腿、鞭腿、侧踹腿、后蹬腿、后摆腿等，如果按照比赛中的运用频率由高到低排序为：鞭腿、侧踹腿、正蹬腿、后摆腿和后蹬腿，当然这个排序不是绝对的，但是鞭腿、侧踹腿和正蹬腿三大基本腿法是无可争议的常用技术，因此也成为训练中的重点。本书也将围绕这些重点技术的训练展开（训练内容介绍的排序是随机性的，不是重点程度排序）。

### 一、正蹬腿

#### 1. 正蹬腿技术

正蹬腿属于直线型技术，其特点是力量较大、启动突然、隐蔽性较强，实战比赛中主要用于进攻与防守反击过程中对于对方的头部与躯干的攻击。

### (1) 左腿正蹬腿技术

实战姿势站立，右脚向前垫步，同时左腿提起，以右腿支撑身体重心，左腿大腿与腹部贴紧，脚掌指向攻击的目标，双手握拳置于体前防守，挺腰发力、送髋，左腿由屈到伸迅速向前蹬出，力达脚跟，动作完成后恢复实战姿势站立。（图4-150~图4-153）

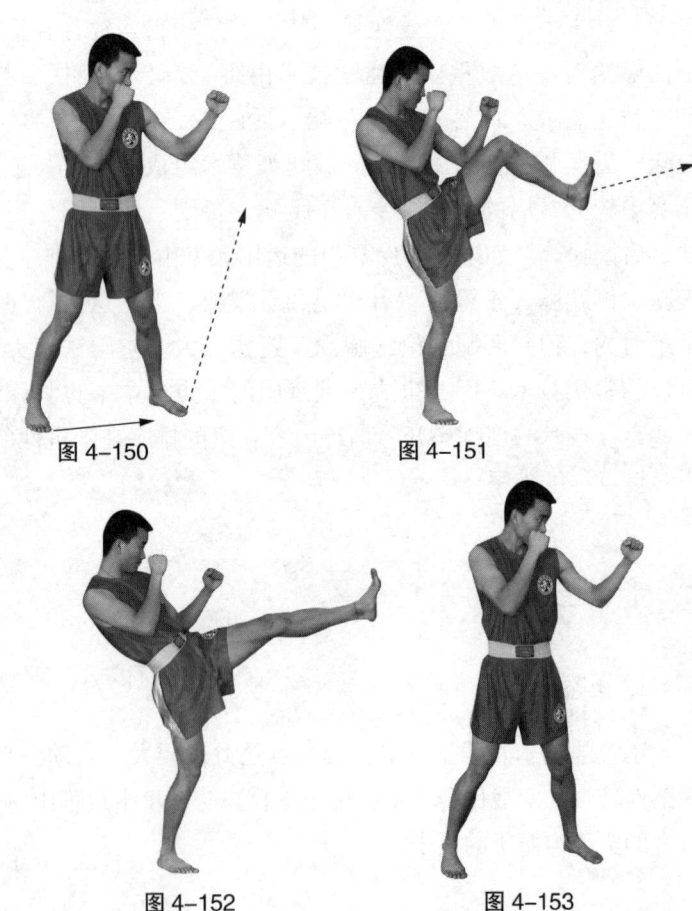

图 4-150

图 4-151

图 4-152

图 4-153

## 第四章　进攻技术训练

### (2) 右腿正蹬腿技术

实战姿势站立，以左腿支撑身体重心，右腿向前提起，右腿大腿与腹部贴紧，脚掌指向攻击目标，双手握拳置于体前防守，挺腰发力、送髋，左腿由屈到伸迅速向前蹬出，力达脚跟，动作完成后恢复实战姿势站立。（图 4-154~图 4-158）

图 4-154

图 4-155

图 4-156　　　图 4-157　　　图 4-158

**动作关键：**

蹬腿时要送髋，双手要防守，力达脚跟，进攻时要注意四点：第一，要配合身体的惯性向前完成攻击；第二，脚掌在接触目标的一瞬间踝关节用力外展加大攻击力量；第三，大腿收腿蓄劲一定要充分；第四，上述三点协调配合一气呵成。

### 2. 正蹬腿训练方法

**训练目的：**

熟练掌握正蹬腿技术动作及攻防技法。

**训练方法：**

（1）实战姿势站立，正蹬腿训练。

**训练要求：**

初学者不宜用最大力量和速度进行练习，教练员应提示运动员运用自身力量和速度的30%~50%进行练习，主要训练目的是强化动作规范，体会动作发力方法和路线。

（2）行进间正蹬腿练习（进攻和反击结合）。

**训练要求：**

行进间腿法练习要注意控制节奏，要求单个动作质量，不要要求整体频率。

（3）正蹬腿打固定脚靶训练。（图4–159、图4–160）

**图4–159**

第四章 进攻技术训练

图 4-160

**训练要求：**

主练运动员要调整距离，始终处于实战距离的约束下，不宜过近或过远，陪练运动员拿靶时要有短促的力量对抗，靶位一定要求实勿虚。

(4) 腿法战术性技术组合空击训练

①腿法组合：左腿正蹬腿→右腿正蹬腿。（图 4-161~图 4-166）

图 4-161 　　　　图 4-162

散打技术与实战训练

图 4-163

图 4-164

图 4-165

图 4-166

第四章 进攻技术训练

②腿法组合：左腿原地正蹬腿反击→右腿正蹬腿进攻。
（图4-167~图4-172）

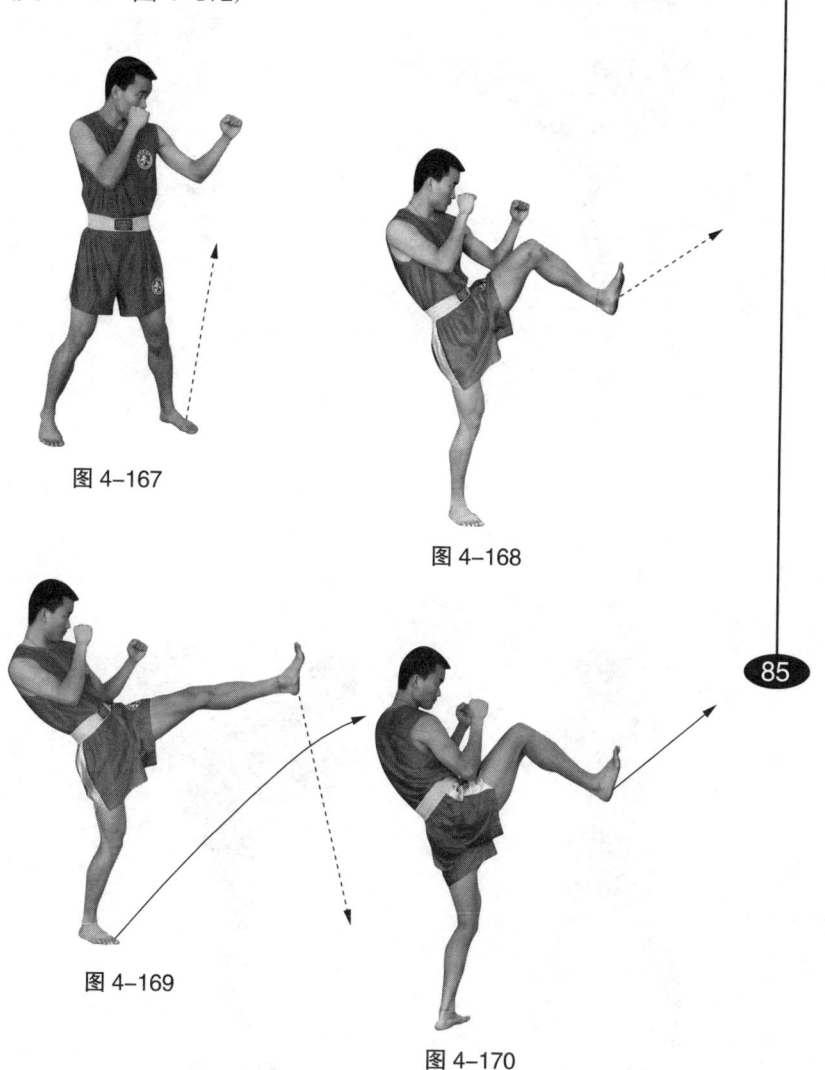

图4-167

图4-168

图4-169

图4-170

散打技术与实战训练

图 4-171

图 4-172

③腿法组合：左腿单跳步→左腿正蹬腿。（图 4-173~图 4-176)

图 4-173

图 4-174

## 第四章 进攻技术训练

图 4-175　　　　　图 4-176

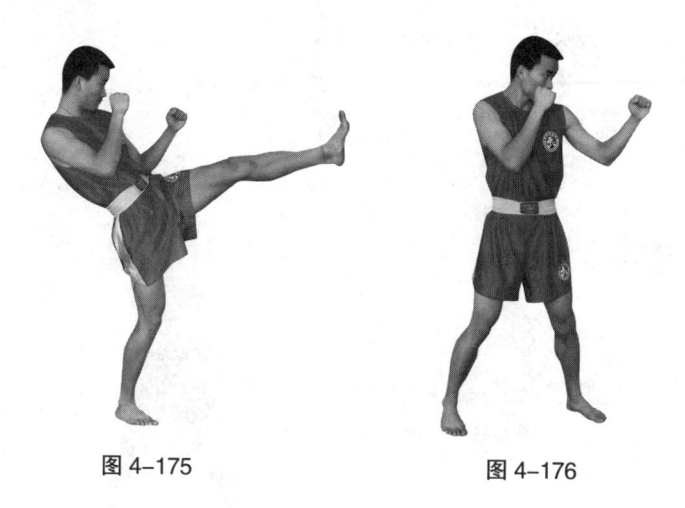

④腿法组合：左腿正蹬腿反击→左腿正蹬腿进攻。（图 4-177~图 4-183）

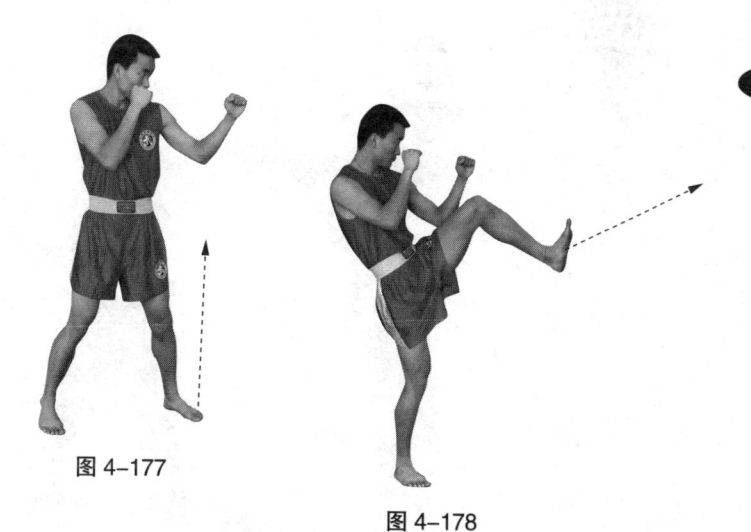

图 4-177

图 4-178

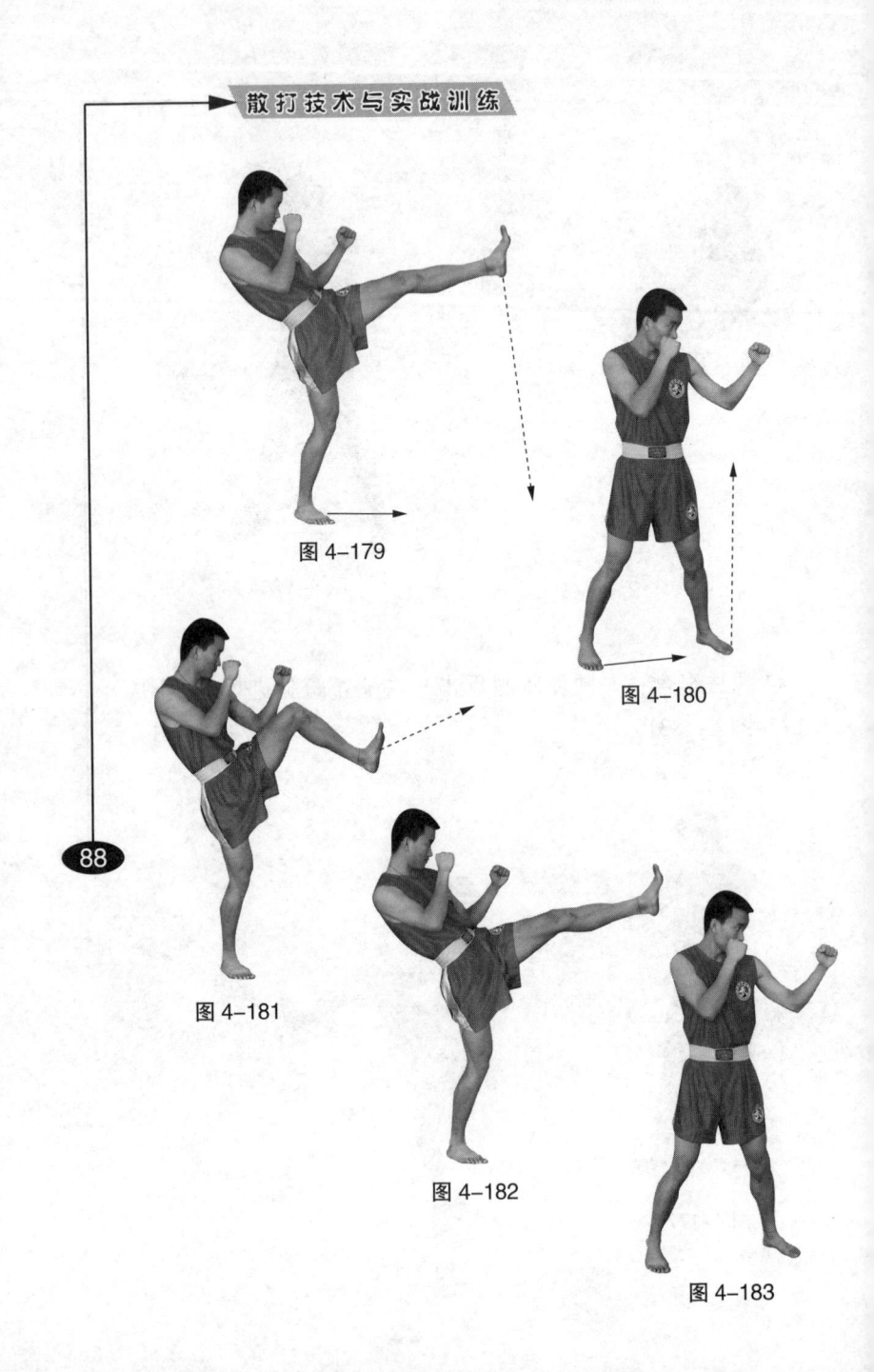

散打技术与实战训练

图 4-179

图 4-180

图 4-181

图 4-182

图 4-183

## 第四章 进攻技术训练

⑤拳法与腿法组合：左直拳→右腿正蹬腿。（图4-184~图4-188）

图 4-184

图 4-185

图 4-186

图 4-187　　　　　　　图 4-188

⑥拳法与腿法组合：左直拳→右直拳→左腿正蹬腿。（图 4-189~图 4-194）

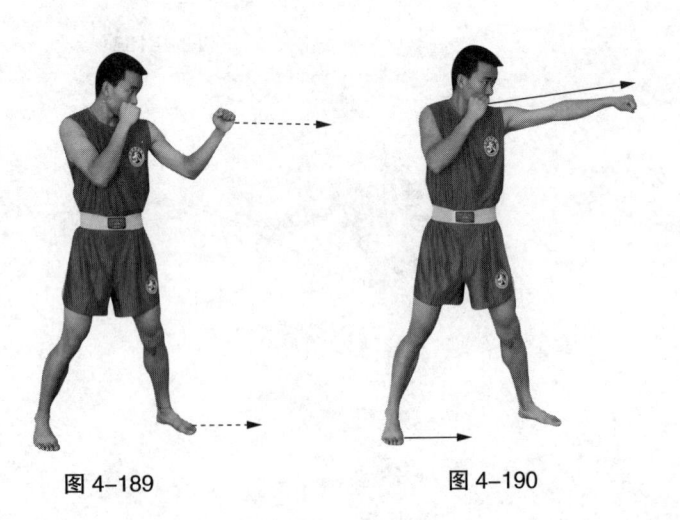

图 4-189　　　　　　　图 4-190

第四章 进攻技术训练

图 4-191

图 4-192

图 4-193

图 4-194

⑦拳法与腿法组合：右直拳→右蹬腿。（图4-195 图4-199)

图 4-195

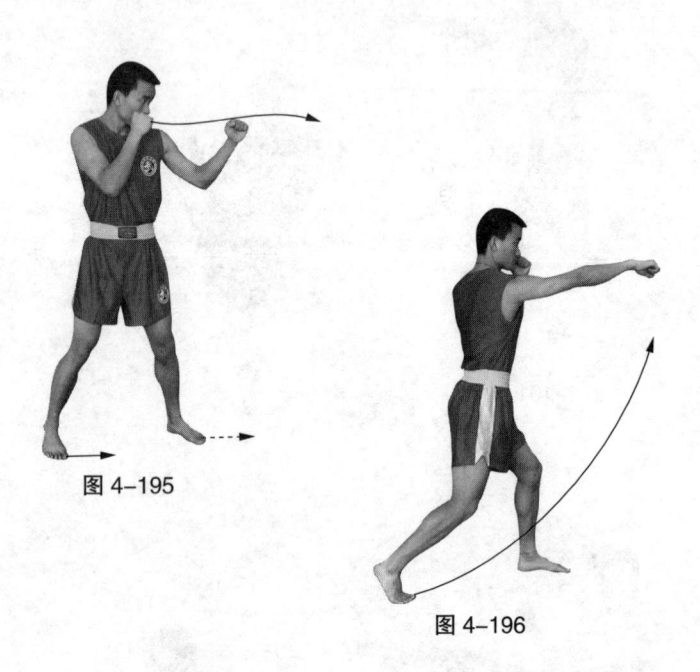

图 4-196

图 4-197

第四章 进攻技术训练

图 4-198　　　　　　图 4-199

⑧拳法与腿法组合：左腿正蹬腿→右手直拳→左腿正蹬腿。（图 4-200~图 4-205）

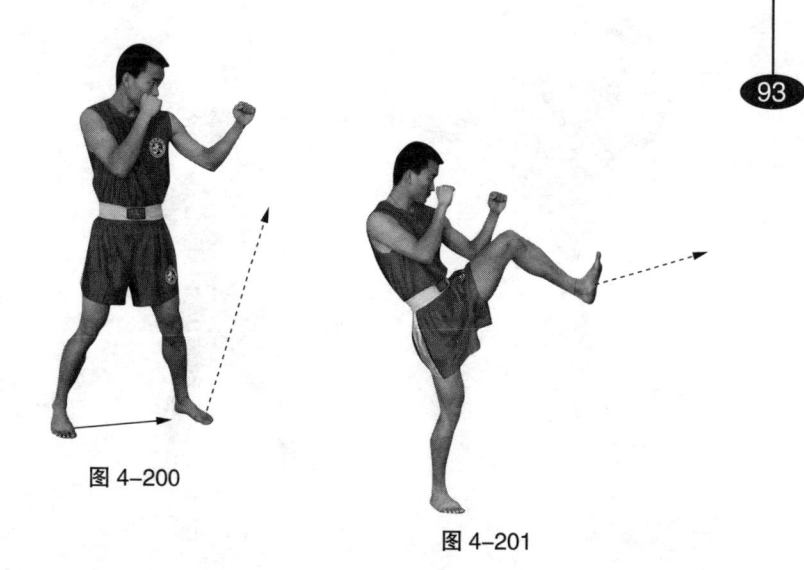

图 4-200

图 4-201

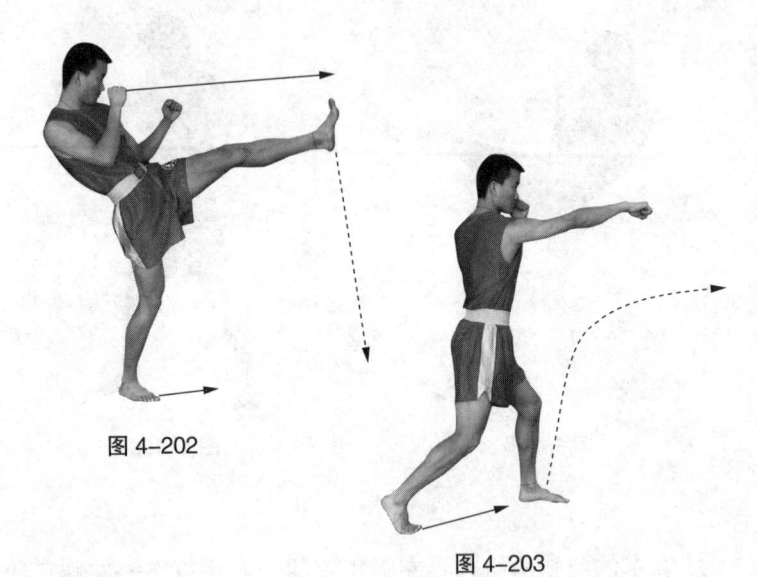

散打技术与实战训练

图 4-202

图 4-203

图 4-204

图 4-205

## 第四章 进攻技术训练

⑨拳法与腿法组合：左摆拳→右直拳→左蹬腿。（图 4-206~图 4-210)

图 4-206

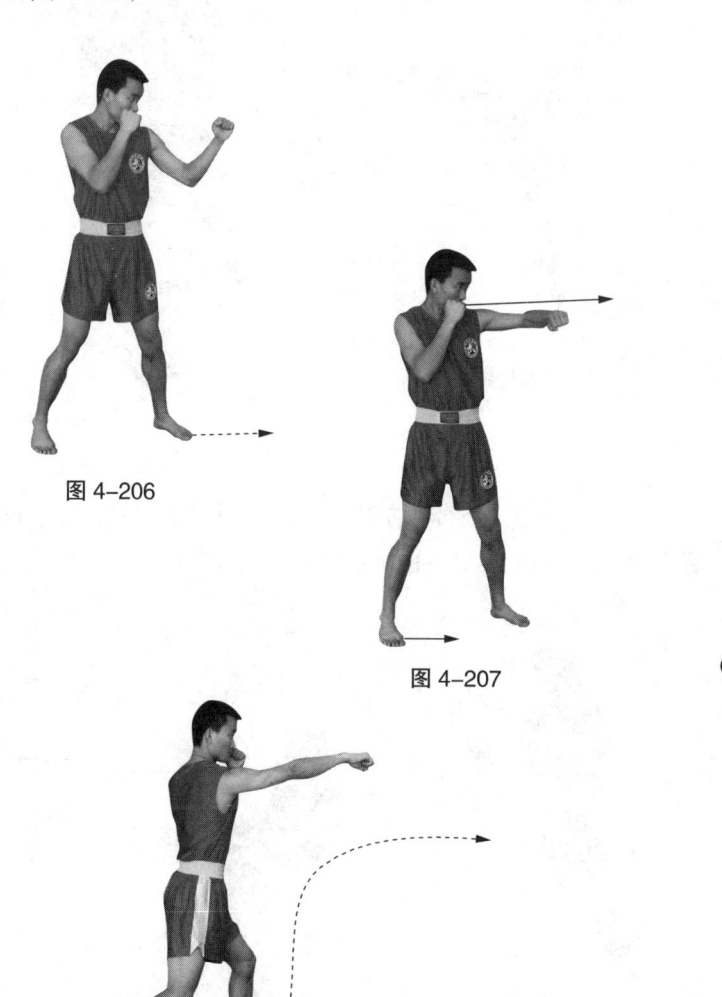

图 4-207

图 4-208

图 4-209　　　　　图 4-210

⑩拳法与腿法组合：左腿正蹬反击→右手直拳进攻→右腿蹬腿进攻。（图 4-211~图 4-216）

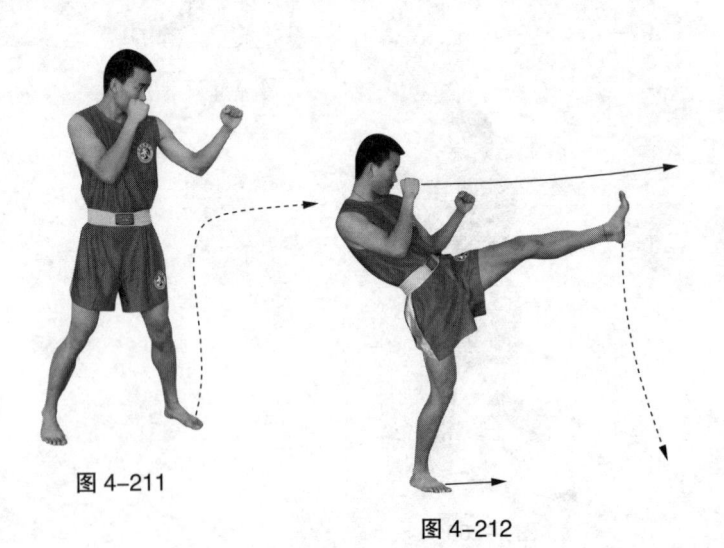

图 4-211

图 4-212

## 第四章 进攻技术训练

图 4-213

图 4-214

图 4-215

图 4-216

**训练要求：**

如果说腿法的组合技术是为了强调和巩固腿法技术，那么拳法与腿法的组合就是攻防技术的关键，技术的熟练程度首先通过空击来强化和巩固，因此在实际训练中一定要注意动作的流畅程度，教练员要在技术规范的前提下注意提示运动员体现攻防意识，特别是在进行反击技术与进攻技术相组合的时候更要体现出反击的突然性以及转化成进攻的速度和意识。

(5) 无氧与有氧能力训练

①行进间快速连续左右正蹬训练。（图4-217）

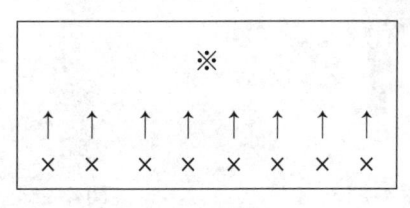

图4-217

**训练要求：**

严格规定完成时间和间歇时间，要求运动员在规定的时间内快速完成30次正蹬技术（左右交替），组间休息30秒左右再进行下一组练习，练习数量为6~8组。组间教练员可以通过测试手腕部脉搏来检测每分心律，运动员在规定的时间内完成一组练习后心率要达到30~35次/10秒为宜。

②原地单腿快速正蹬训练。（图4-218）

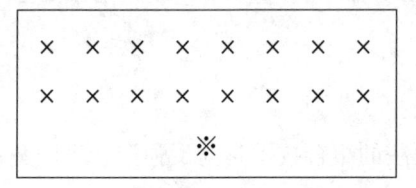

图4-218

## 第四章 进攻技术训练

**训练要求：**

严格规定完成时间和间歇时间，要求运动员在规定的时间内快速完成 30 次单腿正蹬技术（单腿连续、组间轮换），组间休息 30 秒左右再进行下一组练习，练习数量为 6~8 组。组间教练员可以通过测试手腕部脉搏来检测每分心律，运动员在规定的时间内完成一组练习后心率要达到 30~35 次/10 秒为宜。

（6）组合技术打靶训练

①左摆拳进攻→右直拳进攻→左腿正蹬腿进攻。（图 4-219~图 4-222）

图 4-219

图 4-220

散打技术与实战训练

图 4-221

图 4-222

②左腿正蹬腿进攻→右手直拳进攻。（图 4-223~图 4-225）

## 第四章 进攻技术训练

图 4-223

图 4-224

图 4-225

③左腿正蹬腿反击→右手直拳反击。（图 4-226~图 4-228）

图 4-226

图 4-227

图 4-228

## 第四章 进攻技术训练

④左腿正蹬腿反击→右手直拳进攻→左腿正蹬腿进攻。
(图 4-229~图 4-232)

图 4-229

图 4-230

图 4-231

散打技术与实战训练

图 4-232

**训练要求：**

主练运动员要调整距离，始终处于实战距离的约束下，不宜过近或过远，陪练运动员拿靶时要有短促的力量对抗，靶位一定要求实勿虚，模拟环境要真实有效，训练时要严格追求动作质量。

（7）沙包训练

①定点沙包训练。（图 4-233、图 4-234）

图 4-233　　　　　图 4-234

②自由反应沙包训练。（图4-235、图4-236）

图4-235　　　　　图4-236

**训练要求：**

定点沙包训练要注意距离，训练目的是培养打击力量以及在不同距离的攻击感觉。自由反应沙包训练是指随机性的、根据自己掌握的技术和距离模拟比赛环境进行攻击。

(8) 攻防模拟训练

①进攻条件约束训练。（图4-237~图4-239）

图4-237

散打技术与实战训练

图 4-238

图 4-239

**训练要求：**

右手直拳佯攻虚晃对方，左腿正蹬进攻。

②反击条件约束训练。（图 4-240、图 4-241）

第四章 进攻技术训练

图 4-240

图 4-241

**训练要求：**

对方直拳进攻时，我方以正蹬腿截击。

③模拟实战训练。（图4-242）

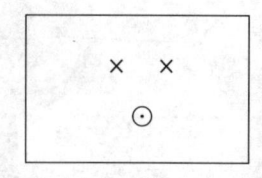

**图 4-242**
注：×为运动员，⊙为裁判员

**训练要求：**

进攻条件约束训练是指两名运动员一组，指定一名为进攻方，另一名为陪练方，陪练创造不同的距离条件，进攻运动员根据情况快速反应攻击。反击约束条件训练是指两名运动员一组，指定一名运动员进攻，另一名运动员反击。进攻的动作主要是限制好的攻防动作，如：陪练方以拳法进攻，主练方以腿法阻截反击。模拟实战训练是指在接近真实的实战环境下，运动员运用所学的技术内容进行自由的攻防训练。

## 二、侧踹腿

### 1. 侧踹腿技术

侧踹腿技术是散打技术中具有"招牌"性的腿法技术，侧踹腿也属于直线型技术，具有攻击范围广、动作隐蔽性好、技术直接和攻击力量大的特点。

#### (1) 左腿侧踹腿

实战姿势站立，右脚向前垫步同时左腿屈膝抬起，左腿小

## 第四章 进攻技术训练

腿侧面接近水平，脚掌指向对方，大腿向胸腹部收紧蓄劲，左手置于体侧，右手置于下颌处防守，展髋发力以大腿推动小腿直线向侧上方踹出，力达脚掌，动作完成后恢复实战姿势站立。（图4-243~图4-246）

图4-243

图4-244

图4-245

图4-246

(2) 右腿侧踹腿

实战姿势站立,身体向左侧转体,同时右腿向前屈膝抬起,小腿侧面接近水平,脚掌指向对方,大腿向胸腹部收紧蓄劲,右手置于体侧,左手置于下颌处防守,展髋发力以大腿推动小腿直线向侧上方踹出,力达脚掌,动作完成后恢复实战姿势站立。(图4-247~图4-251)

图4-247

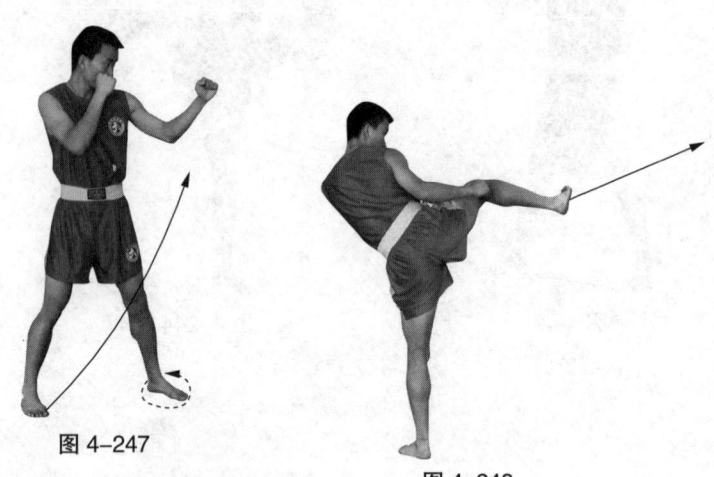

图4-248

图4-249

第四章 进攻技术训练

图 4-250　　　　　　图 4-251

**动作关键：**

垫步提膝、展髋踹腿、收回三个部分要协调统一、一气呵成，展髋发力的一瞬间脚尖指向攻击后方（支撑脚以前脚掌为轴脚跟内旋转体），大腿、小腿以及上体应在一个平面上，攻击路线要直，力点要准确，动作完成后收回要快速。

2. 侧踹腿训练方法

**训练目的：**

熟练掌握侧踹腿技术及攻防要点。

**训练方法：**

（1）实战姿势站立，侧踹腿训练。

**训练要求：**

初学者不宜用最大力量和速度进行练习，教练员应提示运动员运用自身力量和速度的 30%~50% 进行练习，反复强调提膝、展髋踹腿、收回三个技术动作，主要训练目的是强化动作规范、体会动作发力方法和路线。

(2) 行进间正蹬腿练习（进攻和反击结合）。（图4-252）

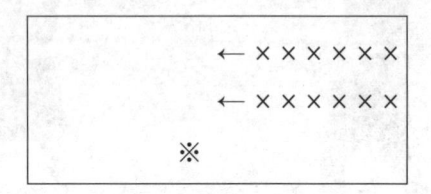

```
        ← × × × × × ×
        ← × × × × × ×
              ※
```

图4-252

**训练要求：**

行进间腿法练习要注意控制节奏，要求单个动作质量，不要强调整体频率，向前滑步配合进攻，后滑步原地蹬腿反击阻截。

(3) 侧踹腿打固定脚靶训练。（图4-253、图4-254）

图4-253

## 第四章 进攻技术训练

图 4-254

**训练要求：**

主练运动员要调整距离，始终处于实战距离的约束下，不宜过近或过远，陪练运动员拿靶时要有短促的力量对抗，靶位一定要求实勿虚。

(4) 腿法战术性技术组合空击训练

①腿法组合训练：左腿侧踹腿→右腿正蹬腿。（图 4-255~图 4-258）

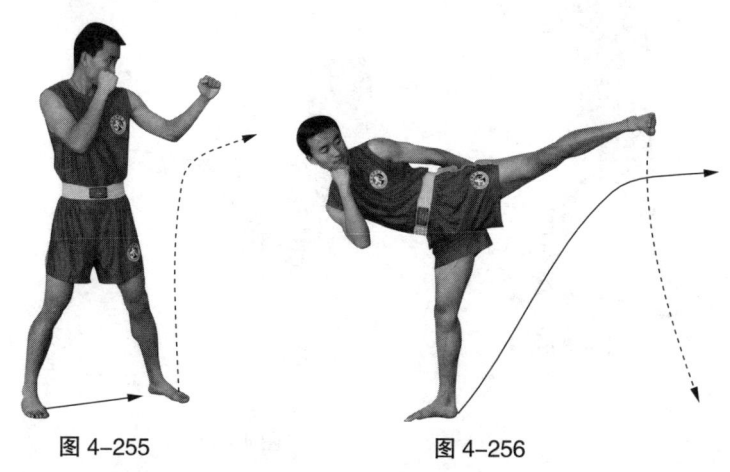

图 4-255    图 4-256

## 散打技术与实战训练

图 4-257　　　　　　图 4-258

②腿法组合训练：左腿正蹬腿→左腿侧踹腿。（图4-259~图4-262）

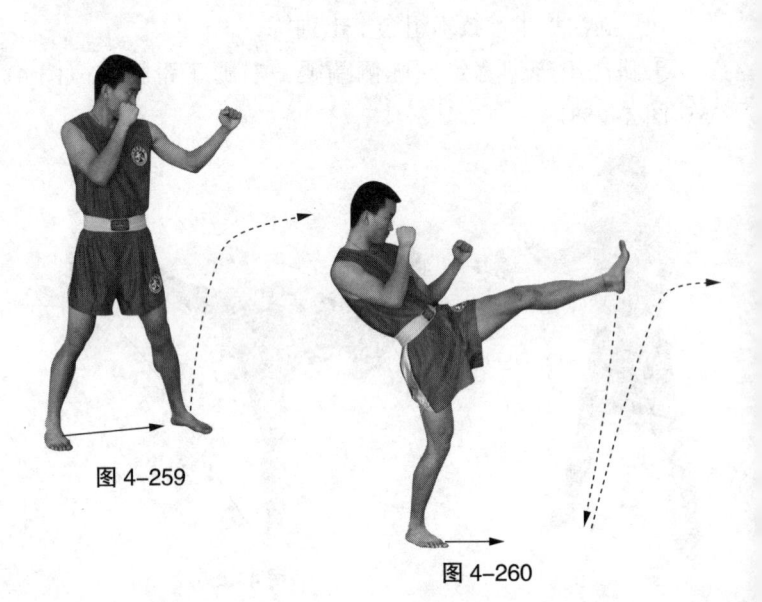

图 4-259

图 4-260

第四章　进攻技术训练

图 4-261　　　　　图 4-262

③腿法组合训练：单跳步→左腿低位侧踹腿→左腿高位侧踹腿。（图 4-263~图 4-268）

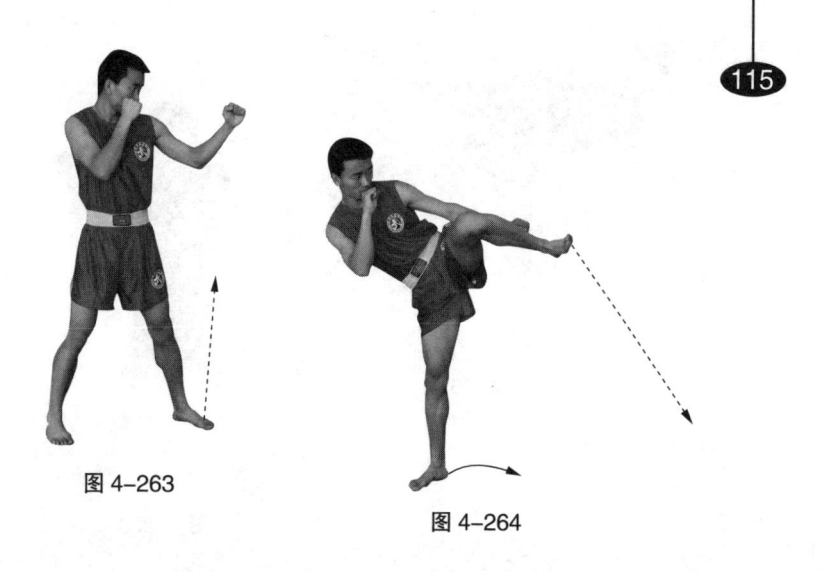

图 4-263

图 4-264

散打技术与实战训练

图 4-265

图 4-266

图 4-267

图 4-268

## 第四章 进攻技术训练

④腿法组合训练：左腿正蹬→右腿侧踹。（图4-269~图4-272)

图 4-269

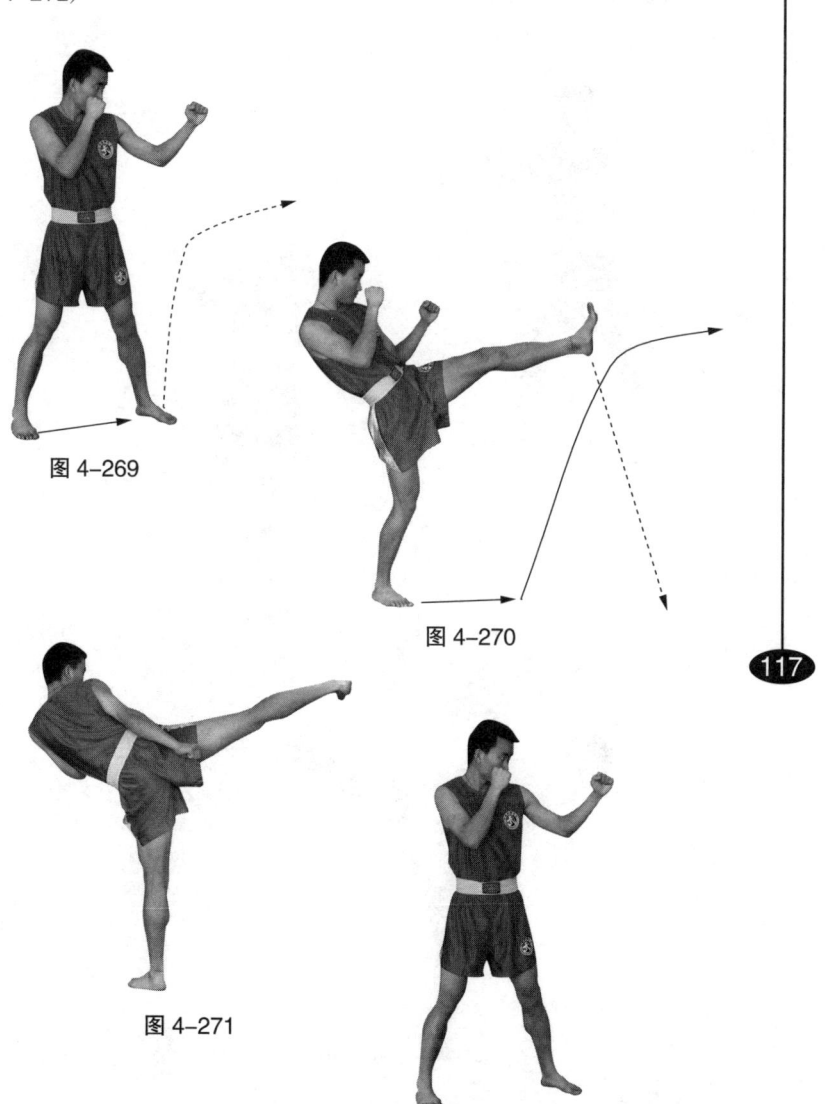

图 4-270

图 4-271

图 4-272

### 散打技术与实战训练

⑤腿法组合训练：左腿反击侧踹腿→右腿正蹬腿。（图 4-273~图 4-277）

图 4-273

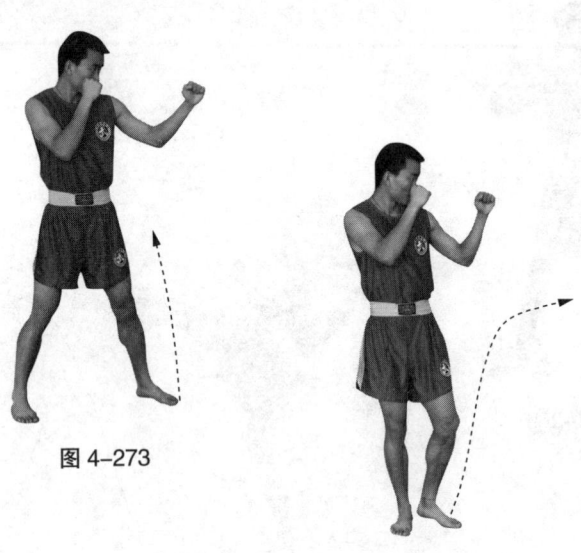

图 4-274

图 4-275

第四章 进攻技术训练

图 4-276

图 4-277

⑥拳法与腿法组合训练：左手直拳→左侧踹腿。（图 4-278~图 4-281）

图 4-278

图 4-279

图 4-280　　　　　　　图 4-281

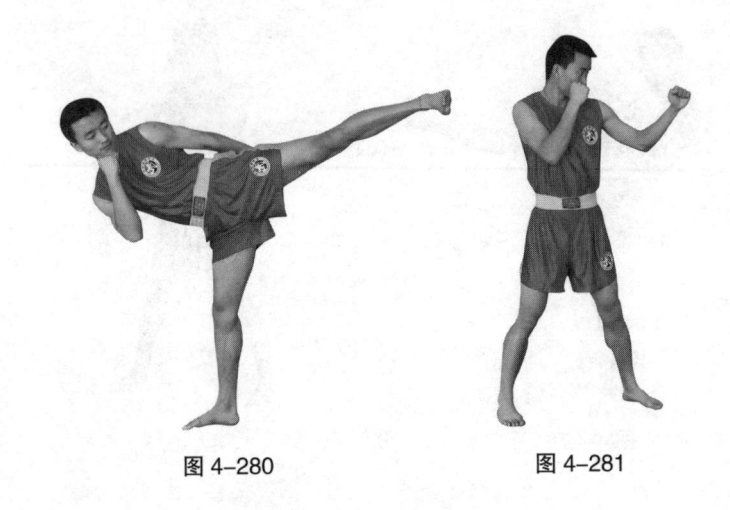

⑦拳法与腿法组合训练：左手摆拳→右手直拳→左侧踹腿。（图 4-282~图 4-286）

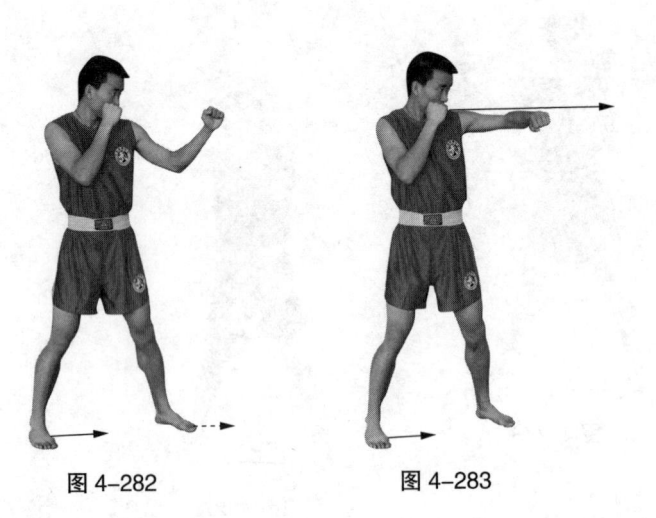

图 4-282　　　　　　　图 4-283

第四章 进攻技术训练

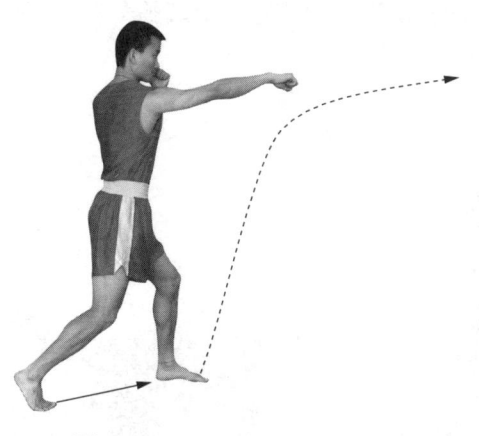

图 4-284

图 4-285

图 4-286

⑧拳法与腿法组合训练：左侧踹腿→右手直拳。（图4-287~图4-290）

图4-287

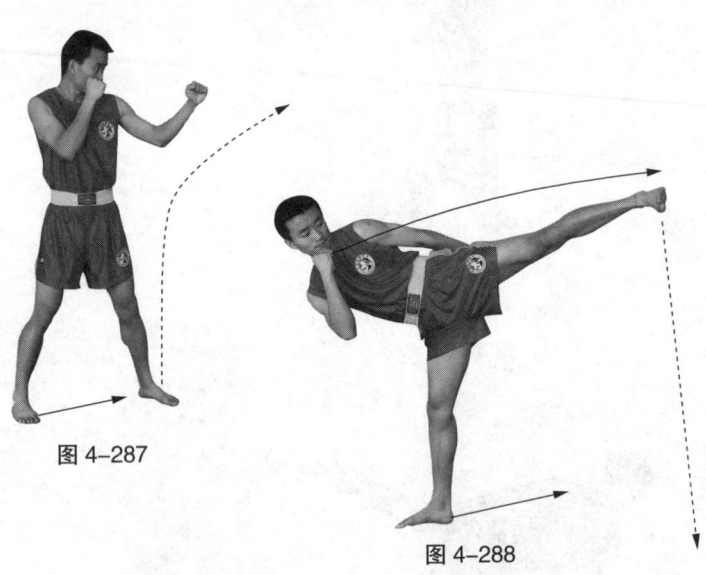

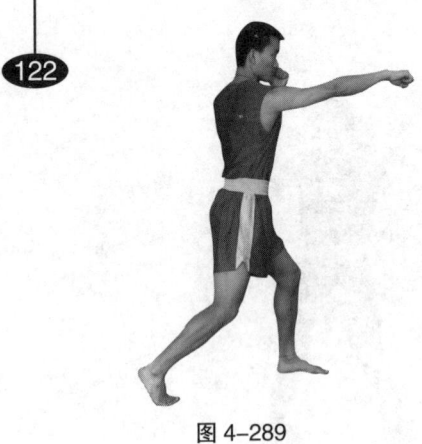

图4-288

图4-289

图4-290

## 第四章 进攻技术训练

⑨拳法与腿法组合训练：左侧踹腿→右手直拳→左（右）腿正蹬。（图4-291~图4-296）

图4-291

图4-292

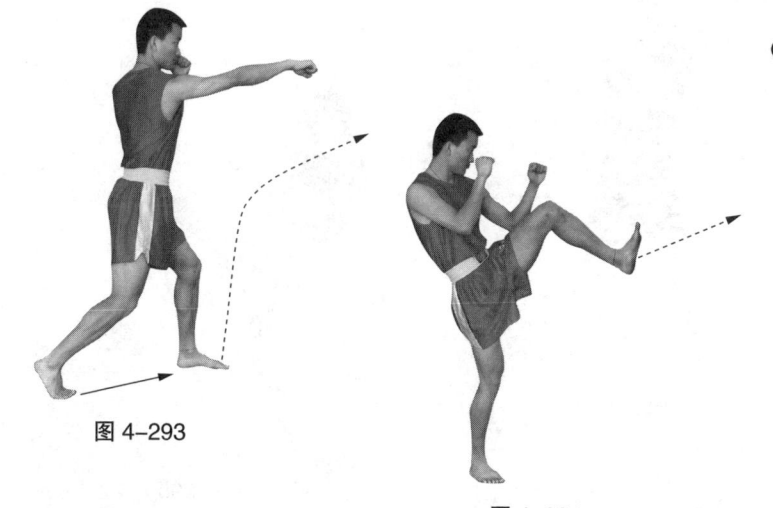

图4-293

图4-294

散打技术与实战训练

图 4-295

图 4-296

⑩拳法与腿法组合训练：左腿正蹬反击（截击）→左手摆拳进攻→右手直拳进攻→左腿侧踹。（图4-297~图4-302）

图 4-297

图 4-298

## 第四章 进攻技术训练

图 4-299

图 4-300

图 4-301

图 4-302

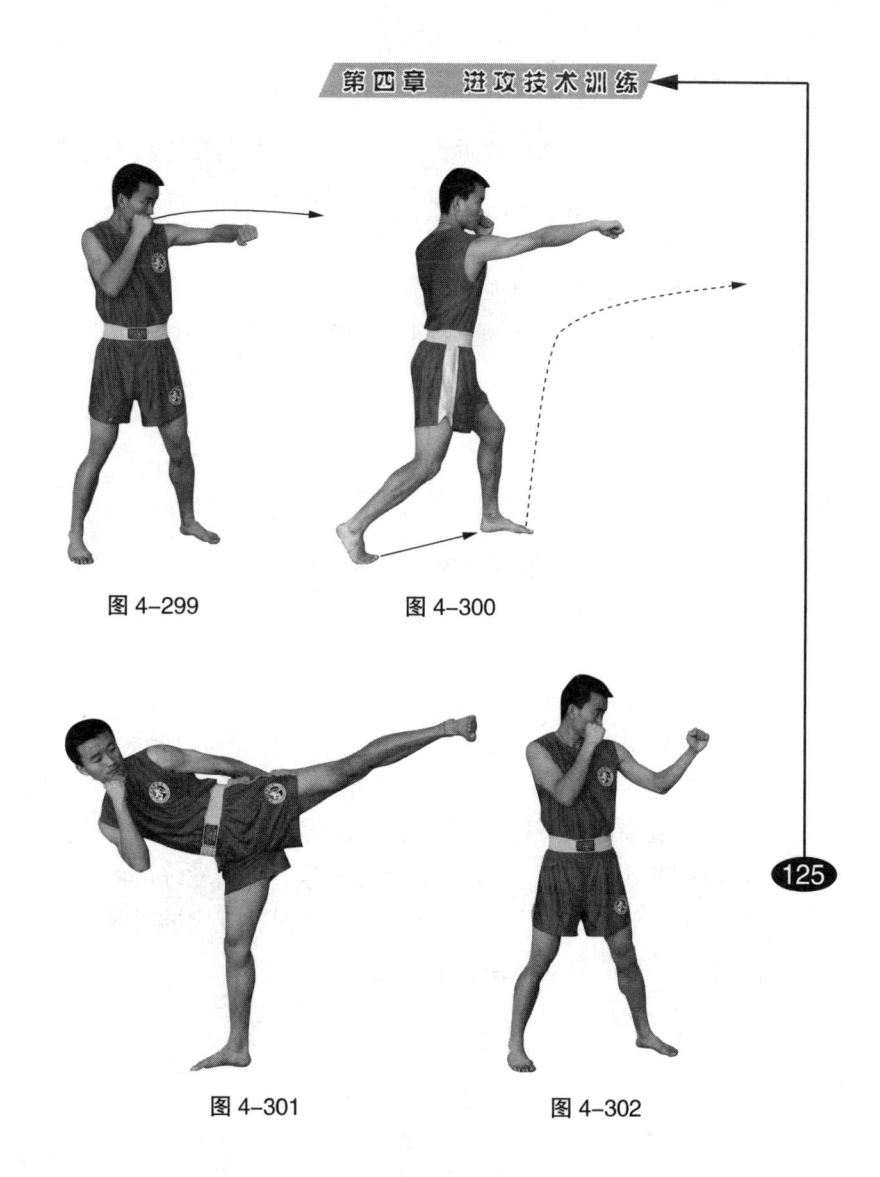

**训练要求：**

拳腿组合技术训练要求力点清楚，攻击的侧重点分明，教练员要严格强调步法、拳法与腿法的协调用力，动作要顺达有力，提示运动员体现攻防意识，特别是在进行反击技术与进攻技术相组合的时候更要体现出反击的突然性以及转化成进攻的速度和意识。

(5) 无氧与有氧能力训练

①行进间快速连续左右正蹬训练。（图 4-303）

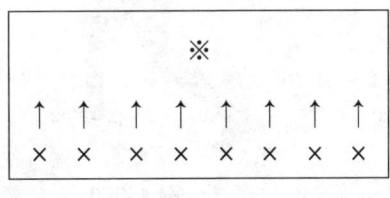

```
            ※
    ↑ ↑ ↑ ↑ ↑ ↑ ↑ ↑
    × × × × × × × ×
```

图 4-303

**训练要求：**

严格规定完成时间和间歇时间，要求运动员在规定的时间快速完成 30 次侧踹腿技术（左右交替），组间休息 30 秒左右再进行下一组练习，练习数量为 6~8 组。组间教练员可以通过测试手腕部脉搏来检测每分心率，运动员在规定的时间内完成一组练习后心率要达到 30~35 次/10 秒为宜。

②原地单腿快速侧踹腿训练。（图 4-304）

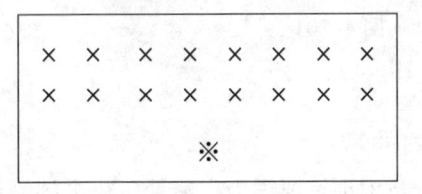

```
    × × × × × × × ×
    × × × × × × × ×
            ※
```

图 4-304

## 第四章　进攻技术训练

**训练要求：**

严格规定完成时间和间歇时间，要求运动员在规定的时间内快速完成30次单腿侧踹腿技术（单腿连续、组间轮换），组间休息30秒左右再进行下一组练习，练习数量为6~8组。组间教练员可以通过测试手腕部脉搏来检测每分心率，运动员在规定的时间内完成一组练习后心率要达到30~35次/10秒为宜。

（6）组合技术打靶训练

①左侧踹腿进攻→右直拳进攻。（图4-305~图4-307）

图4-305

图4-306

散打技术与实战训练

图 4-307

②左手摆拳进攻→右手直拳进攻→左腿侧踹进攻。（图 4-308~图 4-311）

图 4-308

# 第四章 进攻技术训练

图 4-309

图 4-310

图 4-311

③左腿侧踹反击→右手直拳反击。（图4-312~图4-314）

图4-312

图4-313

图4-314

第四章 进攻技术训练

④左腿侧踹反击→右手直拳反击→右腿正蹬腿进攻。（图 4-315~图 4-318）

图 4-315

图 4-316

图 4-317

散打技术与实战训练

图 4-318

**训练要求：**

主练运动员要调整距离，始终处于实战距离的约束下，不宜过近或过远，陪练运动员拿靶时要有短促的力量对抗，靶位一定要求实勿虚，模拟环境要真实有效，训练时要严格追求动作质量。

(7) 沙包训练

①定点沙包训练。（图 4-319、图 4-320）

图 4-319

## 第四章 进攻技术训练

图 4-320

②自由反应沙包训练。（图 4-321、图 4-322）

图 4-321

散打技术与实战训练

图 4-322

**训练要求:**

定点沙包训练要注意距离,训练目的是培养打击力量以及在不同距离的攻击感觉。自由反应沙包训练是指随机性的根据自己掌握的技术和距离模拟比赛环境进行攻击。

(8) 攻防模拟训练

①进攻条件约束训练。(图 4-323、图 4-324)

图 4-323

## 第四章 进攻技术训练

图 4-324

**训练要求：**
调整距离，掌握好时机配合步法进攻。
②反击条件约束训练。（图 4-325、图 4-326）

图 4-325

135

图 4-326

**训练要求：**

对方欲向前拉近距离进攻时，我方以侧踹腿截击。

③模拟实战训练。（图 4-327）

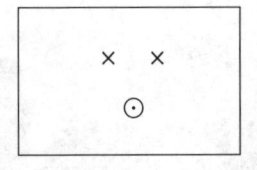

图 4-327
注：×为运动员，⊙为裁判员

**训练要求：**

进攻条件约束训练是指两名运动员一组，指定一名为进攻方，另一名为陪练方，陪练创造不同的距离条件进攻，进攻方根据情况快速反应攻击。反击约束条件训练是指两名运动员一组，指定一名运动员进攻，另一名运动员反击。进攻的动作主要是限制好的攻防动作（如：陪练方以拳法进攻，主练方以腿法阻截反击）。模拟实战训练是指在接近真实的实战环境下，运动员运用所学的技术内容进行自由的攻防训练，模拟实战训练可以是条件限制的也可以是完全放开的实战训练，如规定两名运动员只允许用侧踹腿互相攻击，以击中对方多者为胜方（也可以约束单腿支撑对抗），可以进行个人间的对抗也可以将全体队员分成两队进行团体对抗。完全放开的实战训练可以在散打比赛规则的约束下进行。

## 三、鞭 腿

### 1. 鞭腿技术

鞭腿是横向击打的腿法技术，属于弧线型腿法，主要应用于攻击对方大、小腿、躯干、头部等部位。鞭腿技术有着速度快、灵活多变、容易得分、杀伤力较大的特点，因此在实战比赛中运用率较高，运用得当能够给对方以重创。

### (1) 左腿鞭腿技术

实战姿势站立，右脚向前垫步，左腿小腿折叠屈膝提起，以右腿支撑身体重心，同时以右脚前脚掌为轴，脚跟内旋迅速转体，由此带动左腿大小腿由屈到伸，横向由外向内、向前弧线横向踢击，力达脚背，动作完成后恢复实战姿势站立（图4-328~图4-332）

散打技术与实战训练

图 4-328

图 4-329

图 4-330

图 4-331

图 4-332

## 第四章 进攻技术训练

### (2) 右腿鞭腿技术

实战姿势站立，以左腿为轴，右腿经左腿向前屈膝提起，右小腿折叠，以左腿支撑身体重心，同时以左脚前脚掌为轴，脚跟内旋迅速转体，右腿以转体动作带动大小腿由屈到伸，横向由外向内、向前弧线横向踢击，力达脚背，动作完成后恢复实战姿势站立。（图 4-333~图 4-337）

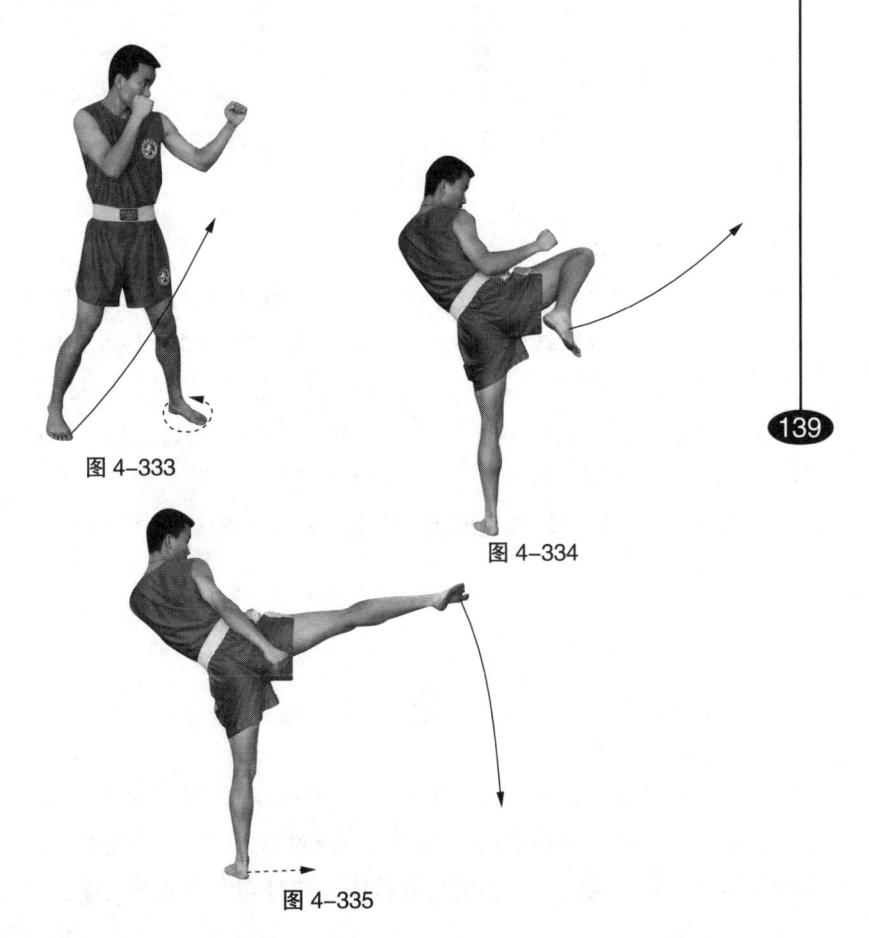

图 4-333

图 4-334

图 4-335

**散打技术与实战训练**

图 4-336　　　　　　图 4-337

**动作关键：**

充分借助转体、转腰的力量，左腿鞭打时要以右脚前脚掌为轴，脚跟内旋转体，右腿鞭打时要以左脚前脚掌为轴，脚跟内旋转体，鞭打的一瞬间支撑脚脚尖应指向侧后方。训练时要求运动员要认真体会鞭腿的"鞭打"动作，大腿犹如"鞭杆儿"小腿犹如"鞭梢"，大小腿协调配合完成鞭打动作，力达脚背。另外鞭打动作完成的一瞬间大腿、小腿、上体应在一个平面上。

## 2. 鞭腿训练方法

（1）实战姿势站立，左右鞭腿训练。

**训练要求：**

初学者不宜用最大力量和速度进行练习，教练员应提示其运用自身力量和速度的 30%~50%进行练习，反复强调鞭打动作，注意展髋，支撑脚要充分转体，鞭打动作完成后支撑脚脚

## 第四章 进攻技术训练

尖应指向侧后方。

(2) 行进间左右鞭腿练习（进攻和反击结合）。（图 4-338）

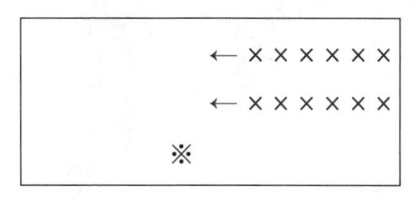

```
          ← × × × × × ×
          ← × × × × × ×
               ※
```

图 4-338

**训练要求：**

行进间腿法练习要注意控制节奏，要求单个动作质量、不要强调整体频率，向前滑步配合鞭腿进攻技术空击，后退练习时做原地或后滑步的鞭腿反击。

(3) 鞭腿打固定脚靶训练。（图 4-339、图 4-340）

图 4-339

散打技术与实战训练

图 4-340

**训练要求：**

主练运动员要调整距离，始终处于实战距离的约束下，不宜过近或过远，陪练运动员拿靶时要有短促的力量对抗，靶位一定要求实勿虚。

(4) 腿法战术性技术组合空击训练

①腿法组合：左侧踹腿→右腿鞭腿。（图 4-341~图 4-345）

图 4-341

图 4-342

第四章 进攻技术训练

图 4-343

图 4-344

图 4-345

②腿法组合：左腿低鞭腿进攻→左腿侧踹腿→右腿鞭腿。
（图 4-346~图 4-351）

143

图 4-346

图 4-347

散打技术与实战训练

图 4-348

图 4-349

图 4-350

图 4-351

第四章　进攻技术训练

③腿法组合：右腿鞭腿→左腿正蹬腿。（图 4-352~图 4-355）

图 4-352

图 4-353

图 4-354

图 4-355

④腿法组合：左腿鞭腿→右腿鞭腿→左腿正蹬腿。（图 4-356~图 4-360）

图 4-356

图 4-357

图 4-358

第四章　进攻技术训练

图 4-359　　　　　　　图 4-360

⑤腿法组合：左正蹬腿→左侧踹腿→右腿鞭腿（图 4-361~图 4-367）

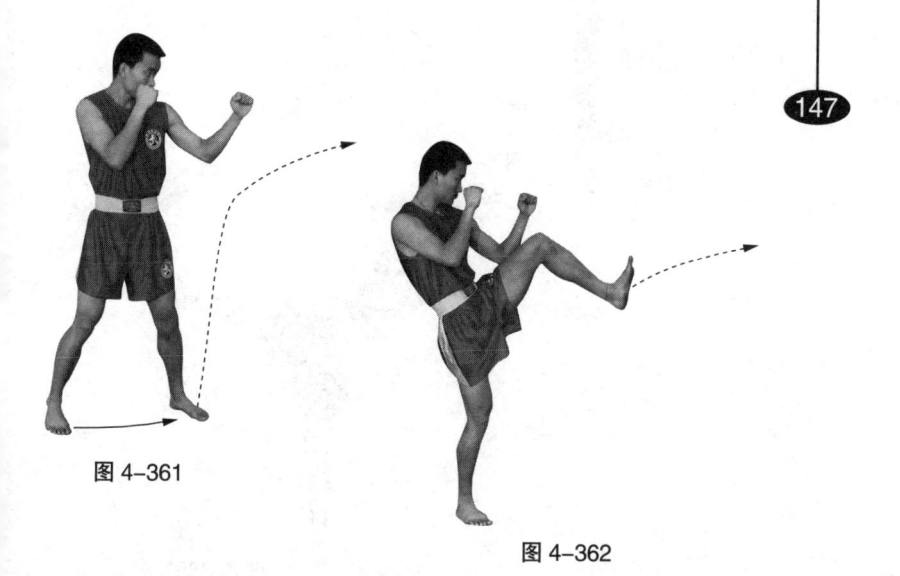

图 4-361

图 4-362

散打技术与实战训练

图 4-363

图 4-364

图 4-365

第四章　进攻技术训练

图 4-366　　　　　图 4-367

⑥腿法组合：左单跳步→左低位侧踹腿→左侧踹腿→右腿鞭腿。（图 4-368~图 4-375）

图 4-368　　　　　图 4-369

149

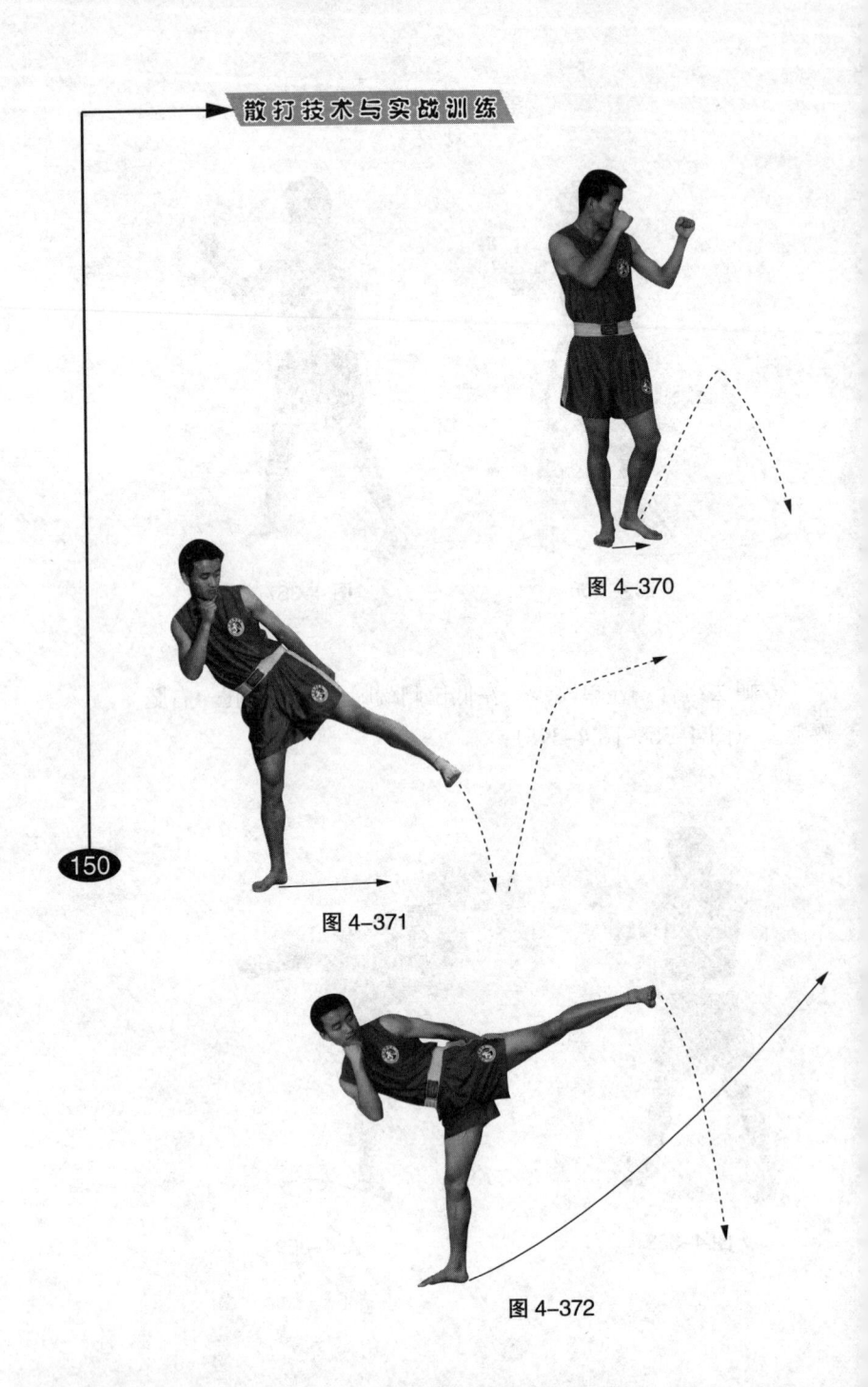

散打技术与实战训练

图 4-370

图 4-371

图 4-372

第四章 进攻技术训练

图 4-373

图 4-374

图 4-375

⑦拳法与腿法组合：左腿鞭腿→右手直拳→右腿鞭腿。
(图 4-376~图 4-380)

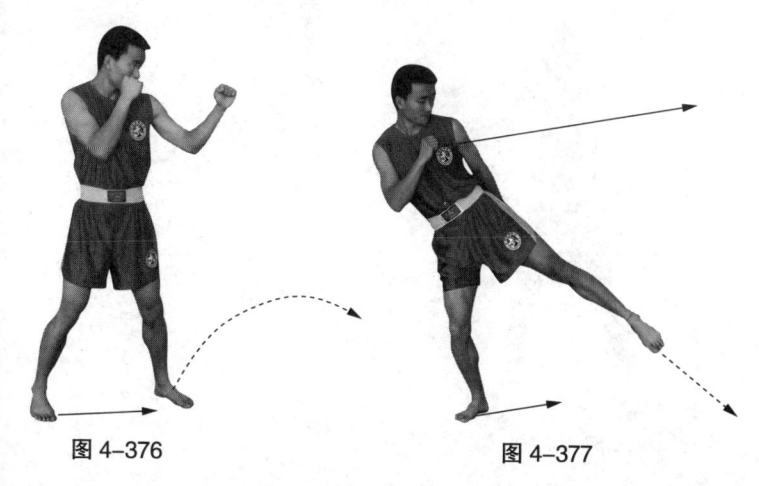

图 4-376

图 4-377

散打技术与实战训练

图 4-378

图 4-379

图 4-380

## 第四章 进攻技术训练

⑧拳法与腿法组合：右腿鞭腿→右手摆拳。（图 4-381~图 4-384）

图 4-381

图 4-382

图 4-383

图 4-384

⑨拳法与腿法组合：左腿鞭腿→右手直拳→右腿鞭腿。（图 4-385~图 4-390）

图 4-385

图 4-386

图 4-387

图 4-388

## 第四章 进攻技术训练

图 4-389 　　　　　图 4-390

⑩拳法与腿法组合：左单跳步→右手直拳→左腿鞭腿。（图 4-391~图 4-396）

图 4-391 　　　　　图 4-392

散打技术与实战训练

图 4-393

图 4-394

图 4-395

图 4-396

第四章 进攻技术训练

⑪拳法与腿法组合：左鞭腿→左手摆拳→右腿正蹬腿。（图 4-397~图 4-402）

图 4-397

图 4-398

图 4-399

图 4-400

图 4-401　　　　　　　图 4-402

⑫拳法与腿法组合：左腿侧踹→右手直拳→左腿鞭腿。（图 4-403~图 4-407）

图 4-403

图 4-404

第四章 进攻技术训练

图 4-405

图 4-406

图 4-407

**训练要求：**

拳法与腿法战术性技术组合训练的要求是完成动作的力点要清楚，攻击的侧重点要分明，训练中教练员还要严格强调步法、拳法与腿法的协调用力，动作要顺达，进攻动作步法位移要快，防守反击动作转换要快速，要体现出攻防意识，特别是在进行反击技术与进攻技术相组合的时候更要体现出反击的突然性以及转化成进攻的速度和意识。

(5) 无氧与有氧能力训练

①行进间快速连续左右鞭腿训练。(图 4-408)

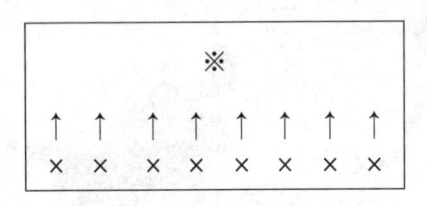

图 4-408

**训练要求:**

严格规定完成时间和间歇时间,要求运动员在规定的时间内快速完成 30 次左右鞭腿技术(左右交替),组间休息 30 秒左右再进行下一组练习,练习数量为 6~8 组。组间教练员可以通过测试手腕部脉搏来检测每分心率,运动员在规定的时间内完成一组练习后心率要达到 30~35 次/10 秒为宜。

②原地单腿快速鞭腿训练。

**训练要求:**

严格规定完成时间和间歇时间,要求运动员在规定的时间内快速完成 30 次单腿鞭腿技术(单腿连续、组间轮换),组间休息 30 秒左右再进行下一组练习,练习数量为 6~8 组。组间教练员可以通过测试手腕部脉搏来检测每分心率,运动员在规定的时间内完成一组练习后心率要达到 30~35 次/10 秒为宜。

## 第四章 进攻技术训练

(6) 组合技术打靶训练

①左腿鞭腿→右手直拳。（图 4-409~图 4-411）

图 4-409

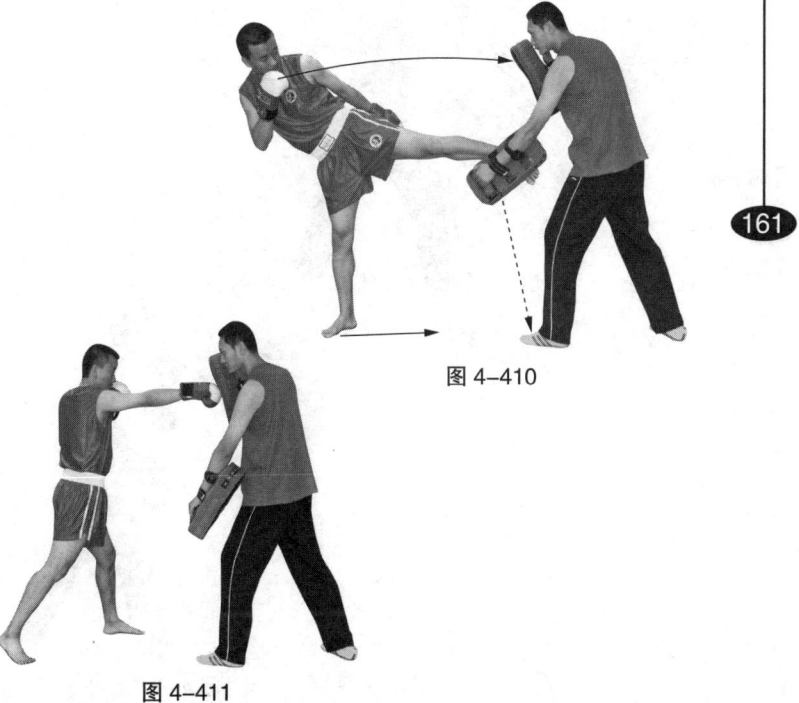

图 4-410

图 4-411

②右腿鞭腿→右手摆拳。（图4-412~图4-414）

图 4-412

图 4-413

图 4-414

## 第四章 进攻技术训练

③左腿低鞭腿→右手直拳→左腿高鞭腿。（图 4-415~图 4-418）

图 4-415

图 4-416

图 4-417

图 4-418

④左腿鞭腿→右手直拳→右腿鞭腿。（图 4-419~图 4-422）

图 4-419

# 第四章 进攻技术训练

图 4-420

图 4-421

图 4-422

**训练要求：**

主练运动员要调整距离，始终处于实战距离的约束下，不宜过近或过远，陪练运动员拿靶时要有短促的力量对抗，靶位一定要求实勿虚，模拟环境要真实有效，训练时要严格追求动作质量。

(7) 沙包训练

①定点沙包训练。（图 4-423、图 4-424）

图 4-423

图 4-424

## 第四章 进攻技术训练

②自由反应沙包训练。（图4-425、图4-426）

图4-425

图4-426

**训练要求：**

定点沙包训练要注意距离，训练目的是培养打击力量以及在不同距离的攻击感觉。自由反应沙包训练是指随机性的、根据自己掌握的技术和距离模拟比赛环境进行击打训练。

(8) 攻防模拟训练

①进攻条件约束训练。（图 4-427、图 4-428）

图 4-427

图 4-428

第四章 进攻技术训练

②反击条件约束训练。(图 4-429~图 4-431)

图 4-429

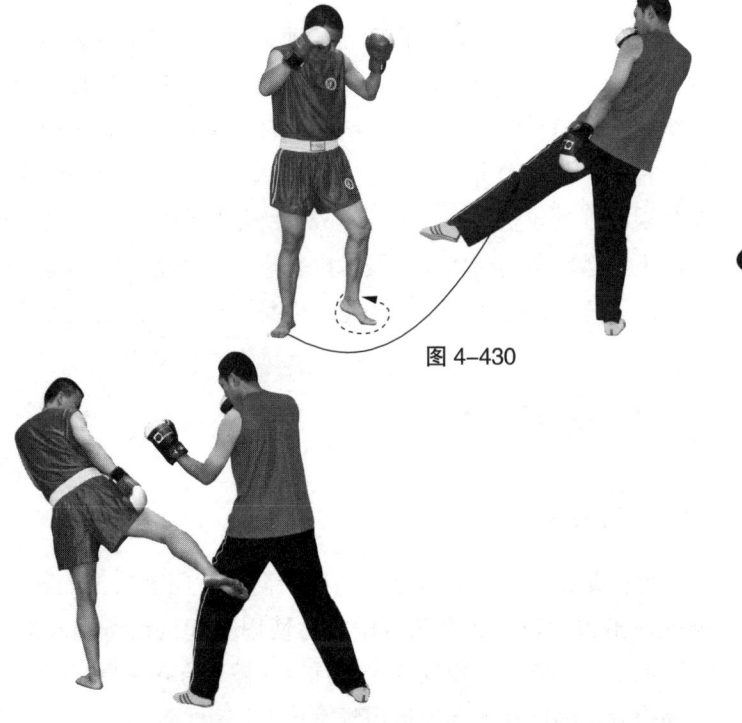

图 4-430

图 4-431

③模拟实战训练。（图 4-432）

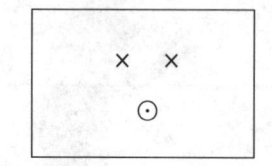

注：×为运动员，⊙为裁判员

图 4-432

**训练要求：**

进攻条件约束训练是指两名运动员一组，指定一名为进攻方，另一名为陪练方，陪练创造不同的距离条件，进攻运动员根据情况快速反应攻击。反击约束条件训练是指两名运动员一组，指定一名运动员进攻，另一名运动员反击。进攻的动作主要是限制好的攻防动作。模拟实战训练是指在接近真实的实战环境下，运动员运用所学的技术内容进行自由的攻防训练，模拟实战训练可以是条件限制的也可以是完全放开的实战训练。

## 四、劈 腿

### 1. 劈腿技术

劈腿是由正面预摆提起然后由上向下、向前攻击的腿法，劈腿攻击力量较大，在实战中突然使用会起到出奇制胜的效果。但是由于劈腿动作幅度较大且容易被对方接腿后反击，且不易得分，因此在比赛中运用频率较低。

## 第四章 进攻技术训练

### (1) 左腿劈腿技术

实战姿势站立，右腿向前垫步，同时左腿屈膝提起，以右腿支撑身体重心，当左脚预摆超过头部高度时，迅速向下、向前劈落，力达脚跟或脚掌，动作完成后恢复实战姿势站立。（图 4-433~图 4-436）

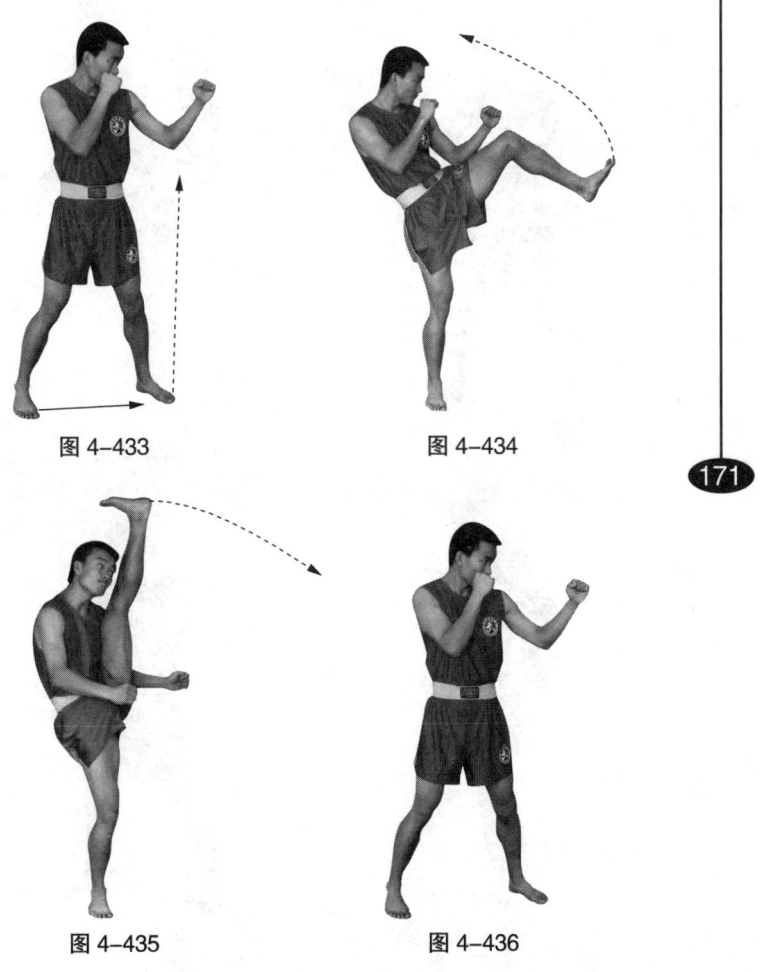

图 4-433

图 4-434

图 4-435

图 4-436

## (2) 右劈腿技术

实战姿势站立，右脚蹬地经左脚向前屈膝提起，左腿支撑身体重心，当右脚向上预摆超过头部高度时，迅速向下、向前劈落，力达脚跟或脚掌，动作完成后恢复实战姿势站立。（图4-437~图4-440）

图 4-437

图 4-438

图 4-439

图 4-440

## 第四章 进攻技术训练

**动作关键：**

屈膝上提预摆动作时要展髋，向下劈落攻击时要有控制。

### 2. 劈腿训练方法

**训练目的：**

熟练掌握劈腿技术与攻防技法。

**训练方法：**

(1) 实战姿势站立，左右劈腿训练。

**训练要求：**

初学者不宜用最大力量和速度进行练习，教练员应提示运动员运用自身力量和速度的 30%~50% 进行练习，反复强调上举与劈落动作，注意展髋，支撑脚要充分转体。

(2) 行进间左右劈腿练习（进攻和反击结合）。（图 4-441）

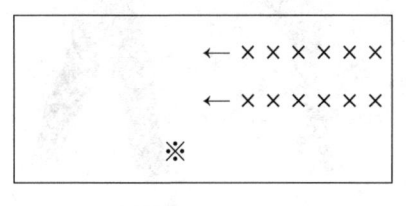

```
        ← × × × × × ×
        ← × × × × × ×
              ※
```

图 4-441

**训练要求：**

行进间腿法练习要注意控制节奏，要求单个动作质量、不要强调整体频率，向前滑步配合劈腿进攻技术空击，后退练习时做原地或后滑步的劈腿反击。

(3) 劈腿打固定脚靶训练。（图 4-442、图 4-443）

散打技术与实战训练

图 4-442

图 4-443

**训练要求：**

主练运动员要调整距离，始终处于实战距离的约束下，不宜过近或过远，陪练运动员拿靶时要有短促的力量对抗，靶位一定要求实勿虚。

## 第四章 进攻技术训练

(4) 腿法战术性技术组合空击训练

①腿法组合技术：左腿鞭腿→左腿劈腿。（图4-444~图4-448）

图 4-444

图 4-445

图 4-446

图 4-447

图 4-448

②腿法组合技术：左腿侧踹→右腿劈腿。（图 4-449~图 4-454）

图 4-449

图 4-450

图 4-451

图 4-452

## 第四章 进攻技术训练

图 4-453 　　　　　图 4-454

③拳法与腿法组合技术：左腿劈腿→右手直拳。（图 4-455~图 4-459）

图 4-455 　　　　　图 4-456

177

散打技术与实战训练

图 4-457　　　　　图 4-458　　　　　图 4-459

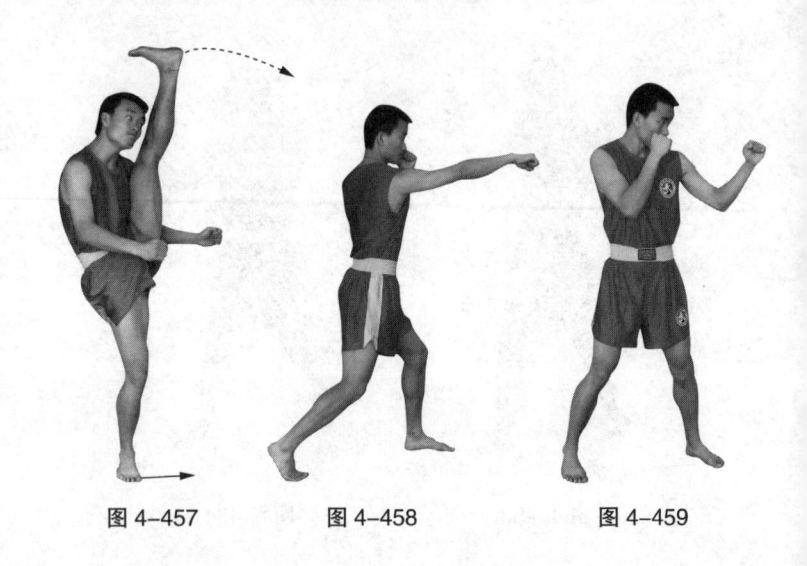

④拳法与腿法组合技术：左腿鞭腿→右手直拳→右腿劈腿。（图 4-460~图 4-466）

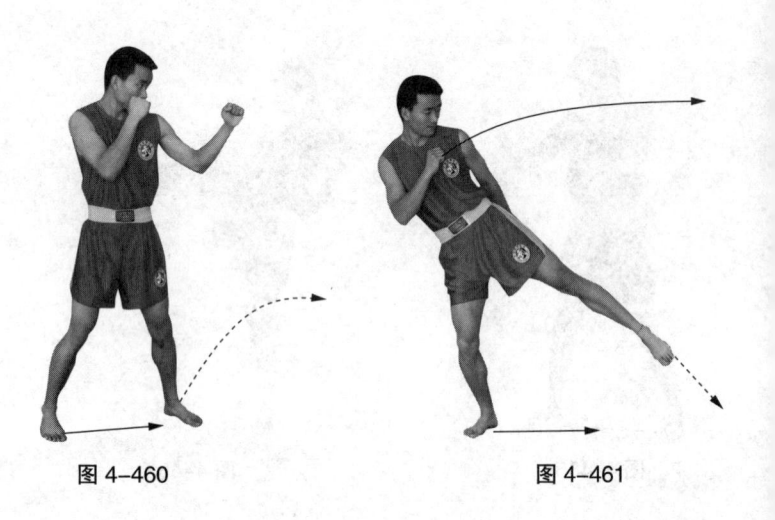

图 4-460　　　　　　　　　图 4-461

## 第四章 进攻技术训练

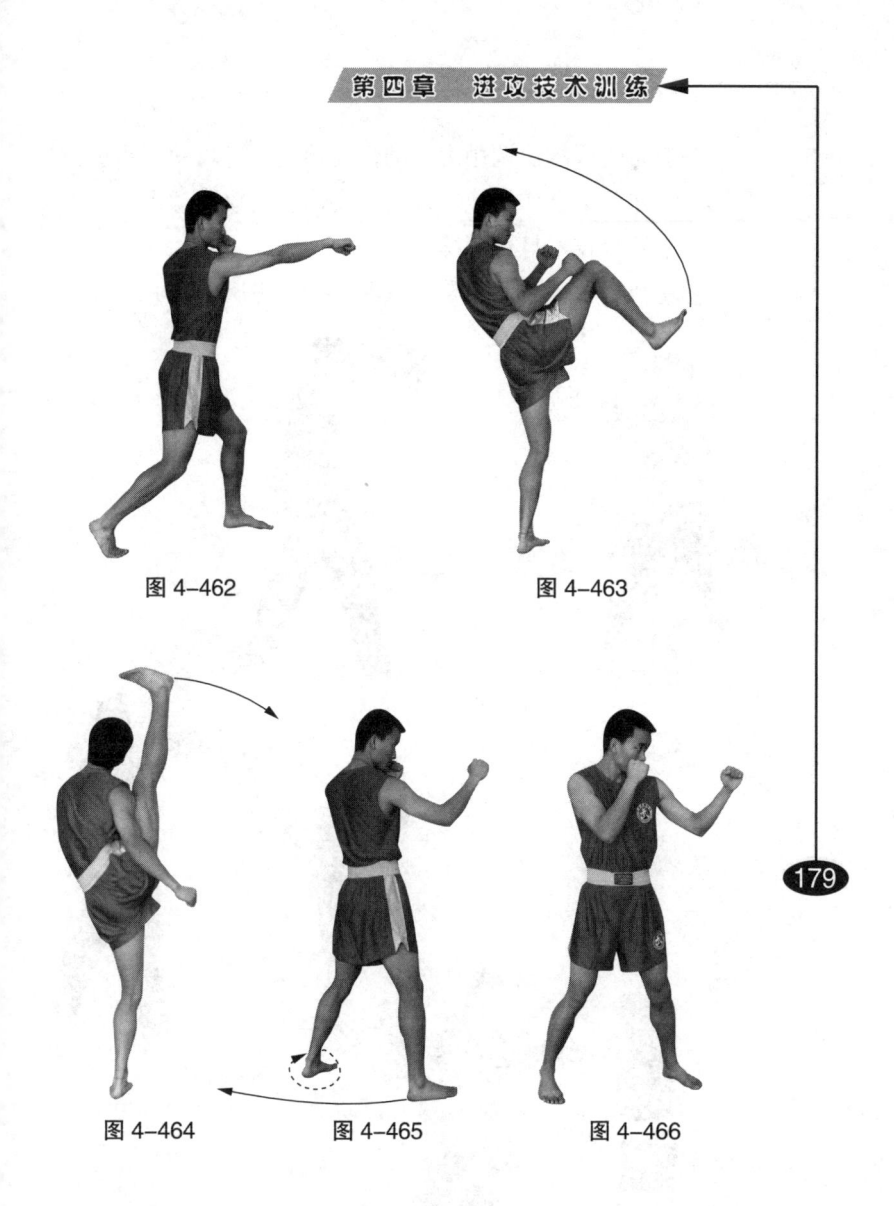

图 4-462　　　　　图 4-463

图 4-464　　　图 4-465　　　图 4-466

**训练要求：**

拳法与腿法战术性技术组合训练的要求是完成动作的力点要清楚，攻击的侧重点要分明，训练中教练员还要严格强调步法、拳法与腿法的协调用力,动作要顺达,进攻动作步法位移要快,防守反击动作转换要快速,要体现出攻防意识。

(5) 组合技术打靶训练

①左腿劈腿→右手直拳。(图 4-467~图 4-469)

图 4-467

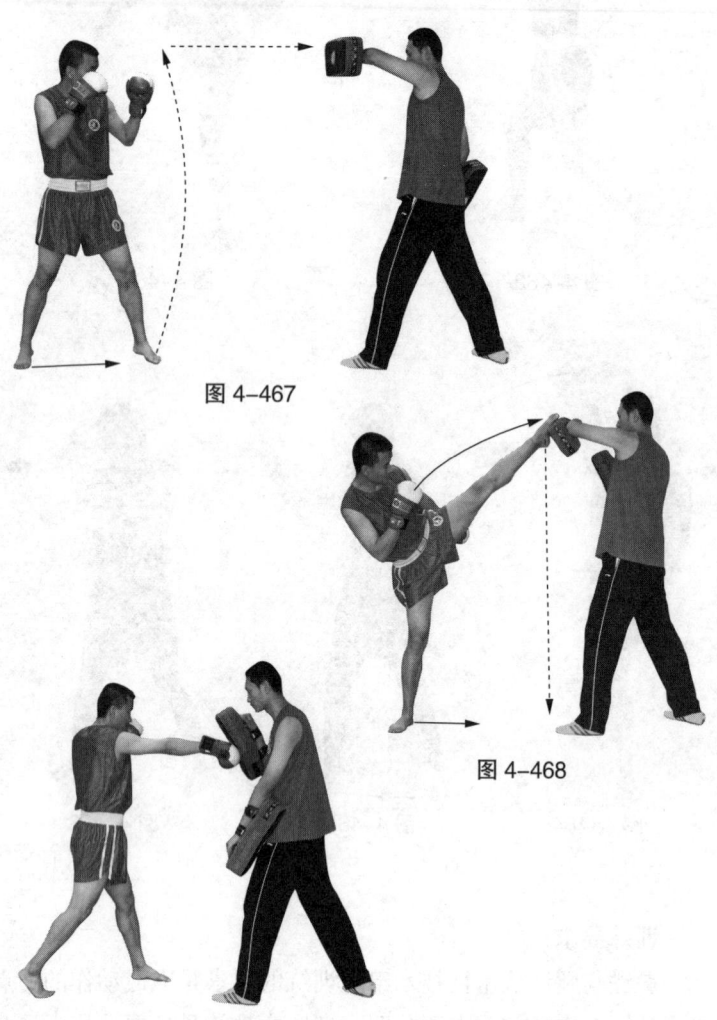

图 4-468

图 4-469

第四章 进攻技术训练

②右手直拳→右腿劈腿。（图 4-470~图 4-472）

图 4-470

图 4-471

图 4-472

**训练要求：**

劈腿打靶训练要注意调节好距离，不宜过近否则会造成膝关节损伤。劈腿技术不作为重点掌握内容，但可以作为部分运动员的技术专长加以训练，实际操作过程中教练员要合理安排时间。

(6) 攻防模拟训练

①进攻条件约束训练。（图 4-473、图 4-474）

图 4-473

图 4-474

## 第四章 进攻技术训练

**训练要求：**

调整距离劈腿进攻。

②反击条件约束训练。（图 4-475、图 4-476）

图 4-475

图 4-476

**训练要求：**

对方鞭腿进攻，我方劈腿截击。

③模拟实战训练。（图 4-477）

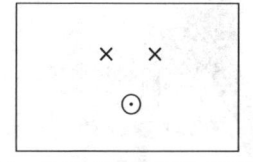

注：×为运动员，⊙为裁判员

图 4-477

**训练要求：**

在条件实战中约束进攻与反击方在实战对抗的过程中偶尔使用劈腿技术。

## 五、转身摆腿

### 1. 转身摆腿技术

转身摆腿也称后摆腿，属于旋转性腿法，通过转身旋转来加大腿的摆击力量。其特点是力量大、打击范围广，比赛中突然使用可以有效重创对手。

#### (1) 左转身摆腿技术

实战姿势站立，右脚向前上步成右实战姿势，以右脚前脚掌为轴，脚跟外旋，身体向左后方转体，左腿随转体动作向后、向左前上方横摆，脚面绷平，力达脚掌或脚跟，动作完成后恢复实战姿势站立。（图4-478~图4-483）

图4-478 　　　　　　　图4-479

# 第四章 进攻技术训练

图 4-480

图 4-481

图 4-482

图 4-483

## (2) 右转身摆腿技术

实战姿势站立，以左脚前脚掌为轴，脚跟外旋，身体向右后方转体，右腿随转体动作向后、向左前上方横摆，脚面绷平，力达脚掌或脚跟，动作完成后恢复实战姿势站立。（图4-484~图4-487）

图 4-484

图 4-485

图 4-486

图 4-487

**动作关键：**

支撑腿控制重心要平稳，转身要迅速，摆腿的弧线应饱满流畅，动作完成后恢复实战姿势要快。

## 2. 转身摆腿训练方法

**训练目的：**

熟练掌握后摆腿技术及攻防技法。

**训练方法：**

（1）实战姿势站立，转身摆腿训练。

**训练要求：**

初学者不宜用最大力量和速度进行练习，教练员应提示其运用自身力量和速度的 30%~50% 进行练习，反复强调蹬地与旋转动作，注意控制身体平衡。

（2）行进间转身摆腿练习（进攻和反击结合）。（图 4-488）

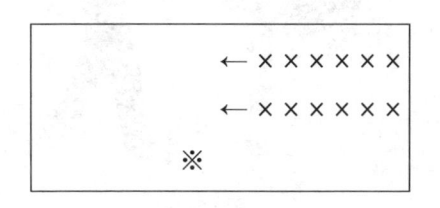

```
    ← × × × × × ×
    ← × × × × × ×
          ※
```

图 4-488

**训练要求：**

行进间腿法练习要注意控制节奏，要求单个动作质量，不要强调整体频率，向前上步练习为进攻技术，原地转身后摆动为反击技术。

(3) 转身摆腿打固定脚靶训练。(图 4-489、图 4-490)

图 4-489

图 4-490

**训练要求：**

主练运动员要调整距离，始终处于实战距离的约束下，不宜过近或过远，陪练运动员拿靶时要有短促的力量对抗，靶位一定要求实勿虚。

## 第四章 进攻技术训练

(4) 腿法战术性技术组合空击训练

①腿法组合技术：右腿鞭腿→左转身后摆腿。（图 4-491~图 4-496）

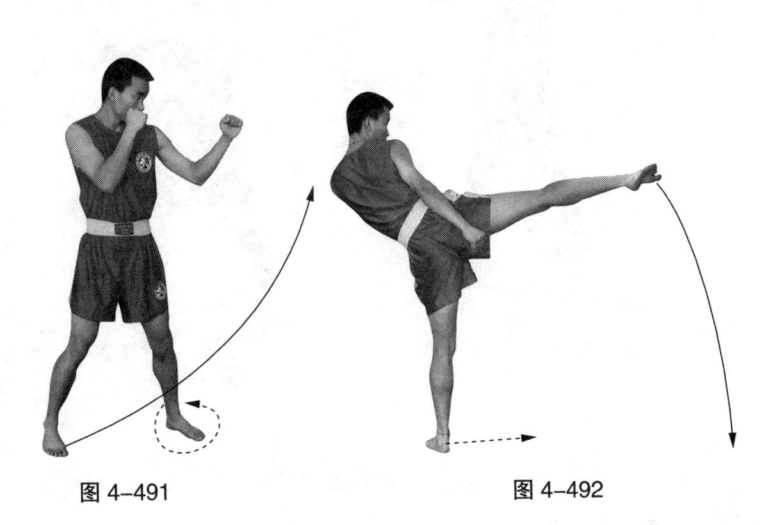

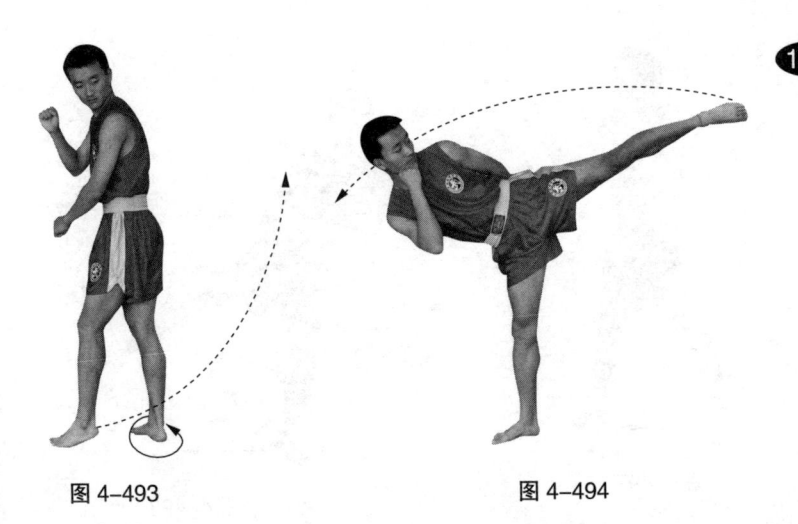

图 4-491

图 4-492

图 4-493

图 4-494

散打技术与实战训练

图 4-495

图 4-496

②腿法组合技术：右腿低鞭腿进攻→右转身后摆腿反击。（图 4-497~图 4-502）

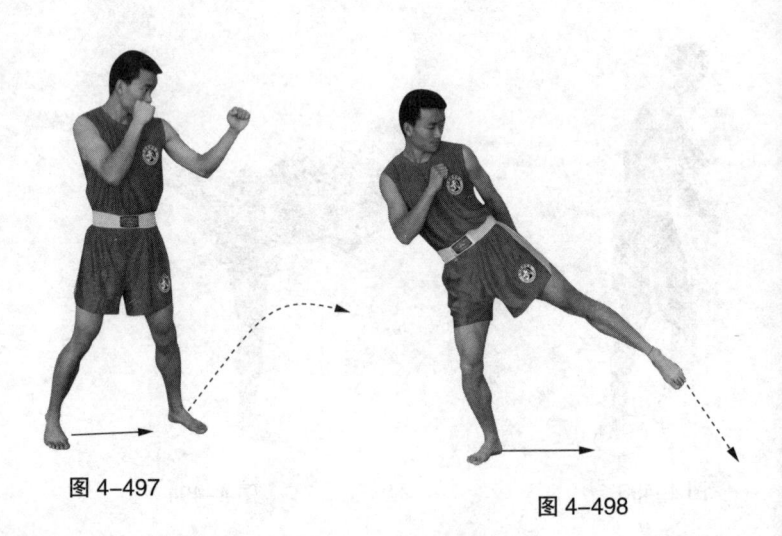

图 4-497

图 4-498

## 第四章 进攻技术训练

图 4-499

图 4-500

图 4-501

图 4-502

散打技术与实战训练

③腿法组合技术：左腿侧踹进攻→右腿转身后摆反击。（图 4-503~图 4-508）

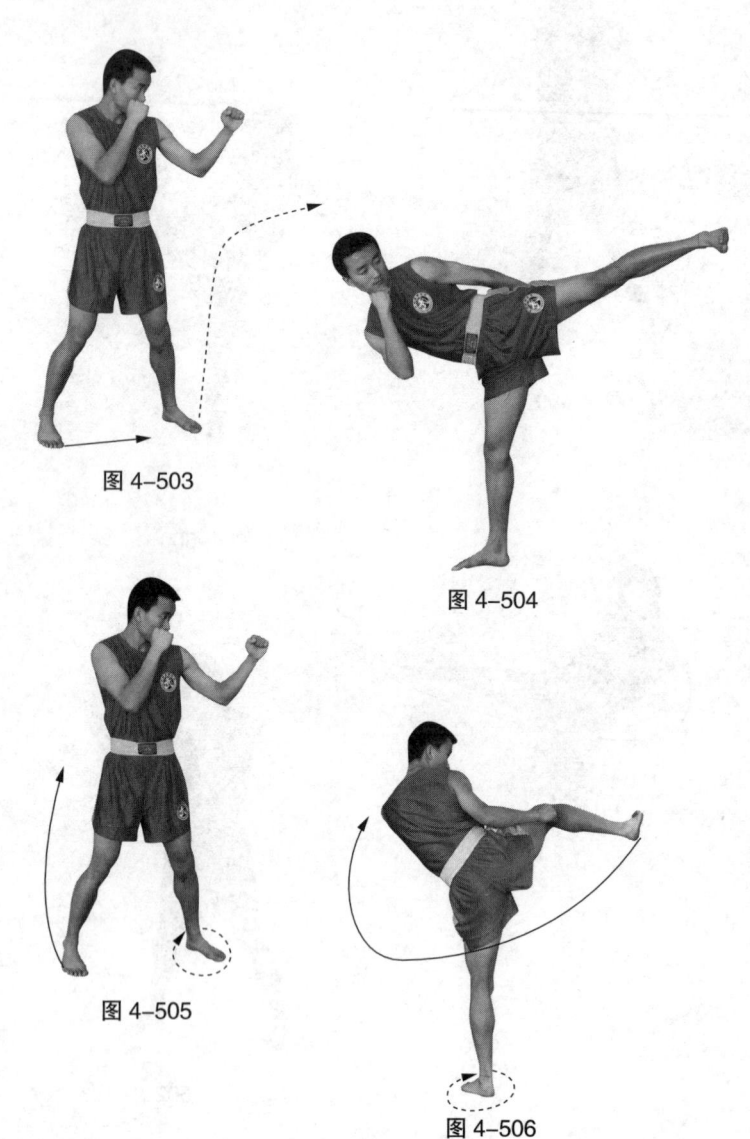

图 4-503

图 4-504

图 4-505

图 4-506

第四章 进攻技术训练

图 4-507　　　　　图 4-508

④拳法与腿法组合技术：左摆拳→右腿正蹬腿→左转身摆腿反击。（图 4-509~图 4-515）

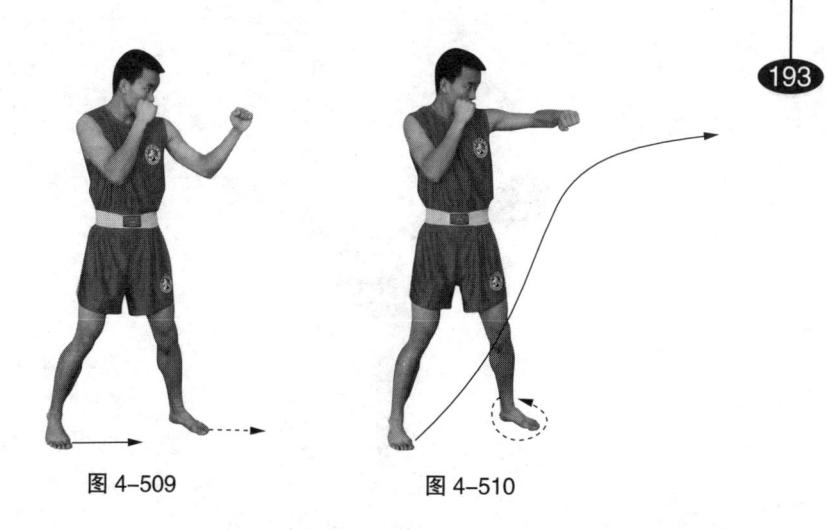

193

图 4-509　　　　　图 4-510

散打技术与实战训练

图 4-511

图 4-512

图 4-513

## 第四章 进攻技术训练

图 4-514　　　　　　　　图 4-515

**训练要求：**

整个组合衔接要流畅，动作攻防要分明，整体性要强，进攻动作步法位移要快，防守反击动作转换要快速，要体现出攻防意识，特别是在进行反击技术与进攻技术相组合的时候更要体现出反击的突然性以及转化成进攻的速度和意识。

(5) 组合技术打靶训练

①左腿侧踹→右腿转身摆腿。（图 4-516~图 4-518）

图 4-516

散打技术与实战训练

图 4-517

图 4-518

②右腿鞭腿→左腿转身摆腿。（图 4-519~图 4-521）

图 4-519

## 第四章　进攻技术训练

图 4-520　　　　　　　　图 4-521

**训练要求：**

劈腿打靶训练要注意调节好距离，不宜过近否则会造成膝关节损伤。劈腿技术不作为重点掌握内容，但可以作为部分运动员的技术专长加以训练，实际操作过程中教练员要合理安排时间。

(6) 攻防模拟训练

①进攻条件约束训练。（图 4-522~图 4-524）

图 4-522

散打技术与实战训练

图 4-523

图 4-524

**训练要求：**

右腿鞭腿佯攻或进攻落空后连接转身后摆腿进攻。

第四章 进攻技术训练

②反击条件约束训练。（图4-525、图4-526）

图4-525

图4-526

**训练要求：**
对方向前进攻或以左鞭腿进攻时我方以转身后摆反击。

③模拟实战训练。（图 4-527）

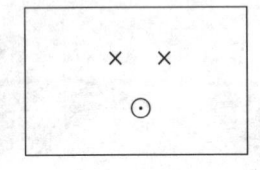

图 4-527

注：×为运动员，⊙为裁判员

**训练要求：**

在条件实战中，约束进攻与反击方在实战对抗的过程中偶尔使用转身摆腿技术进攻或反击头部。

## 六、后蹬腿

### 1. 后蹬腿技术

后蹬腿和正蹬腿都属于蹬腿技术，不同的是后蹬腿是通过转身时，由身体后侧进行攻击的屈伸性腿法。后蹬腿技术虽然在散打比赛中并不常见，但是如果突然运用，却能够达到出奇制胜的效果。

#### (1) 左腿后蹬腿

实战姿势站立，右脚向前上步成右实战姿势站立，同时身体迅速向左转体收腹团身，以右腿支撑身体重心，左腿屈膝提

## 第四章 进攻技术训练

起，双手置于胸前防守，以脚跟为力点用力向后沿直线蹬出，动作完成后恢复实战姿势站立。（图4-528~图4-533）

图4-528

图4-529

图4-530

图4-531

散打技术与实战训练

图 4-532　　　　　图 4-533

(2) 右腿后蹬腿

实战姿势站立,以左脚为轴,右腿蹬地转身收腹团身,以左腿支撑身体重心,右腿屈膝提起,双手置于胸前防守,以脚跟为力点用力向后沿直线蹬出,动作完成后恢复实战姿势站立。(图4-534~图4-538)

图 4-534　　　　　图 4-535

第四章 进攻技术训练

图 4-536

图 4-537　　　　　图 4-538

**动作关键：**

后蹬腿的路线一定要直，力点一定要准确，转身提膝、后蹬与回收下落三个动作要协调统一、一气呵成。

2. 后蹬腿训练方法

**训练目的：**

熟练掌握后蹬腿的技术动作与攻防技法。

**训练方法：**

（1）实战姿势站立，转身摆腿训练。

**训练要求：**

初学者不宜用最大力量和速度进行练习，教练员应提示运动员运用自身力量和速度的30%~50%进行练习，反复强调转身提膝、后蹬与回收下落动作，注意控制身体平衡。

（2）行进间转身后蹬腿练习（进攻和反击结合）。（图4-539）

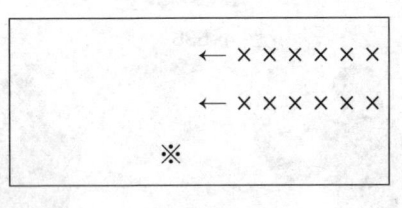

图4-539

**训练要求：**

行进间腿法练习要注意控制节奏，要求单个动作质量，不要强调整体频率，向前上步练习为进攻技术，原地转身后蹬腿动作即为反击技术。

（3）后蹬腿打固定脚靶训练。（图4-540、图4-541）

图4-540

第四章 进攻技术训练

图 4-541

**训练要求：**

主练运动员要调整距离，始终处于实战距离的约束下，不宜过近或过远，陪练运动员拿靶时要有短促的力量对抗，靶位一定要求实勿虚。

(4) 腿法战术性技术组合空击训练

①腿法组合技术：右腿鞭腿→左腿后蹬腿。（图 4-542~图 4-546）

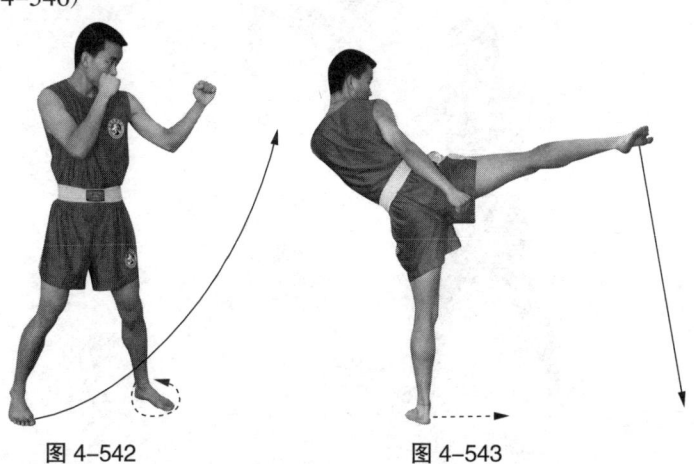

图 4-542　　　　图 4-543

散打技术与实战训练

图 4-544

图 4-545

图 4-546

第四章 进攻技术训练

②腿法组合技术：左腿侧踹腿进攻→右腿后蹬腿反击。（图4-547~图4-552）

图4-547

图4-548

图4-549

图4-550

图 4-551　　　　　　　　图 4-552

③拳法与腿法组合技术：左腿鞭腿进攻→右手直拳进攻→右腿后蹬腿反击。（图 4-553~图 4-558）

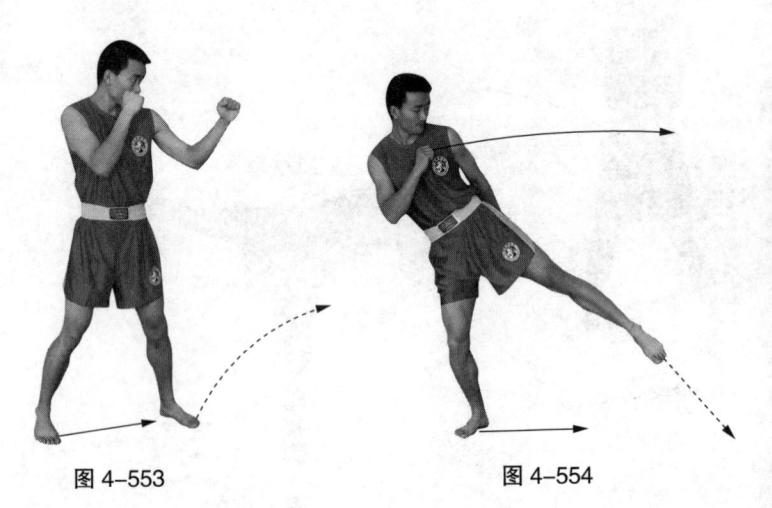

图 4-553　　　　　　　　图 4-554

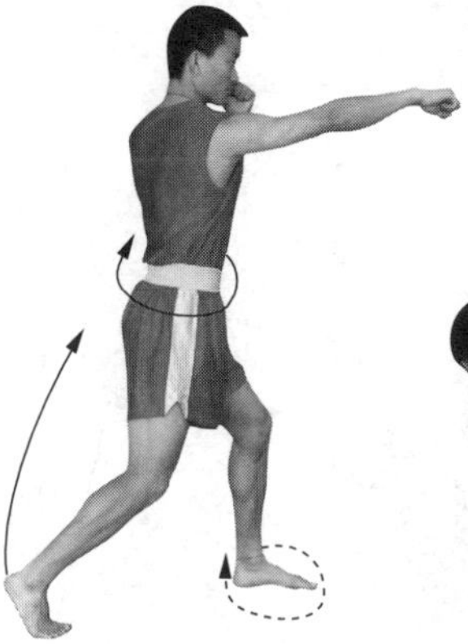

## 第四章 进攻技术训练

图 4-555

图 4-556

图 4-557

图 4-558

散打技术与实战训练

④拳法与腿法组合技术：右鞭腿进攻→右手摆拳进攻→左腿后蹬腿反击。（图 4-559~图 4-563）

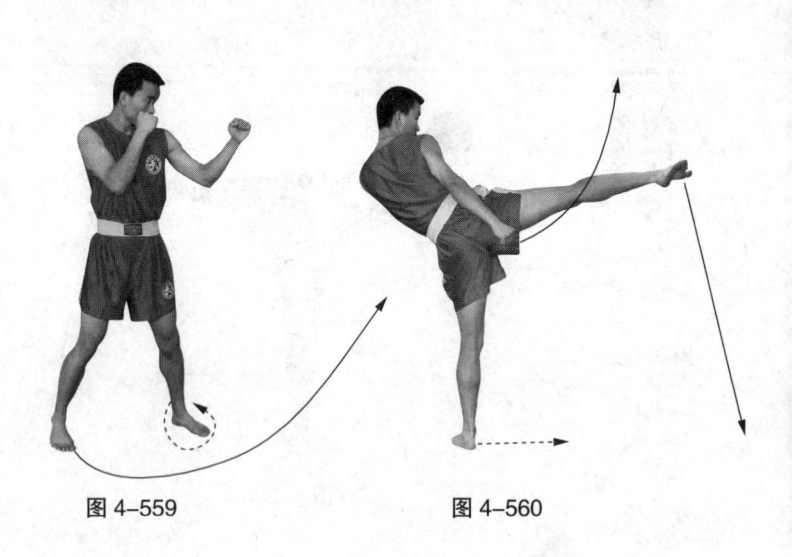

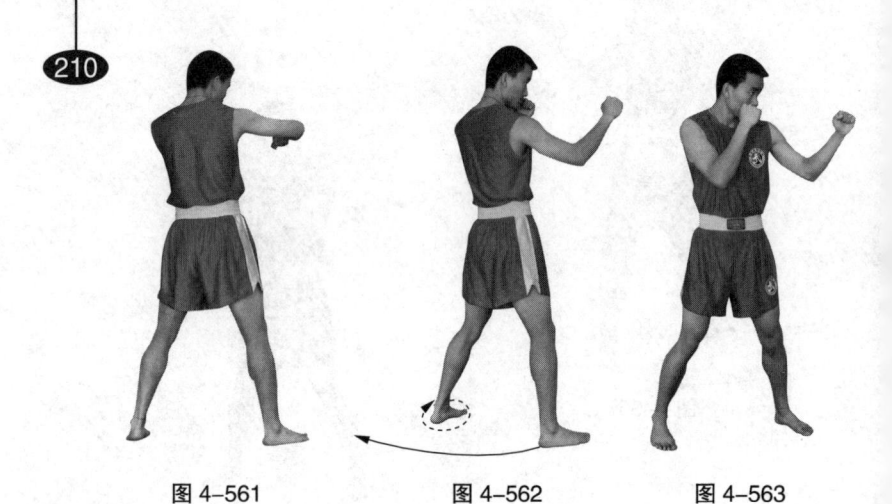

图 4-559　　　　　图 4-560

图 4-561　　　　　图 4-562　　　　　图 4-563

## 第四章 进攻技术训练

**训练要求:**

动作衔接要快,攻防转换要合理,要有实战意识。

(5) 组合技术打靶训练

①右直拳→右腿鞭腿→左腿转身后蹬腿。(图4-564~图4-567)

图4-564

图4-565

散打技术与实战训练

图 4-566

图 4-567

## 第四章 进攻技术训练

②右手直拳→右腿后蹬腿反击。（图 4-568~图 4-570）

图 4-568

图 4-569

图 4-570

**训练要求：**

转身后蹬腿打靶训练要注意调节好距离，后蹬腿技术不作为重点掌握内容，但可以作为部分运动员的技术专长加以训练，实际操作过程中教练员要合理安排时间。

(6) 攻防模拟训练

①进攻条件约束训练。（图 4-571~图 4-573）

图 4-571

图 4-572

## 第四章 进攻技术训练

图 4-573

**训练要求：**

调整距离上步后蹬腿进攻。

②反击条件约束训练。（图 4-574、图 4-575）

图 4-574

215

## 散打技术与实战训练

图 4-575

**训练要求:**
对方拳法进攻,我方后蹬腿截击。
③模拟实战训练。(图 4-576)

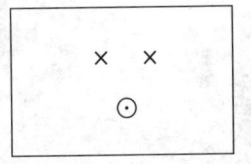

图 4-576
注:×为运动员,⊙为裁判员

**训练要求:**
在条件实战中约束进攻与反击方在实战对抗的过程中偶尔使用转身蹬腿技术进攻或反击。

## 第三节 膝法技术训练

膝法技术杀伤力较大,动作突然,目前在全国锦标赛及全运会的比赛中不允许使用该技术,但是在职业的散打比赛中允许使用膝法技术。下面注重介绍两种膝法技术的训练方法供大家选择,教练员可以根据需要有所选择。

## 一、膝法技术

### 1. 冲膝

以膝关节为力点,由下向前、向上攻击的方法称为冲膝。

#### (1) 左腿冲膝技术

实战姿势站立,右脚向前垫步,同时左腿屈膝提起,左小腿充分折叠以膝关节为力点向前、向上攻击,动作完成后恢复实战姿势站立。(图4-577~图4-579)

图 4-577

散打技术与实战训练

图 4-578 　　　　图 4-579

## (2) 右腿冲膝技术

实战姿势站立，右腿蹬地屈膝提起，右小腿充分折叠以膝关节为力点向前、向上攻击，动作完成后恢复实战姿势站立。（图 4-580~图 4-582）

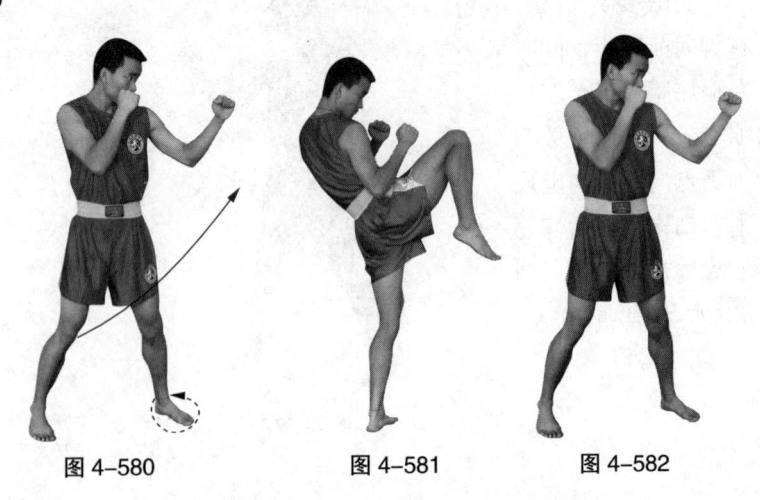

图 4-580　　　　图 4-581　　　　图 4-582

## 2. 惯膝

以膝关节为力点，由外向内、向前攻击的方法称为惯膝。

### (1) 左腿惯膝技术

实战姿势站立，右脚向前垫步，同时左腿屈膝提起，左小腿充分折叠以膝关节为力点由外向内、向前攻击，动作完成后恢复实战姿势站立。（图4-583~图4-585）

图 4-583

图 4-584

图 4-585

### (2) 右腿惯膝技术

实战姿势站立，右腿蹬地屈膝提起，右小腿充分折叠以膝关节为力点由外向内、向前攻击，动作完成后恢复实战姿势站立。（图 4-586~图 4-588）

图 4-586　　　　图 4-587　　　　图 4-588

### 3. 刺膝

刺膝也称为顶膝，以膝关节为力点，向前直线攻击的方法称为刺膝。

### (1) 左腿刺膝技术

实战姿势站立，右脚向前垫步，同时左腿屈膝提起，左小腿充分折叠以膝关节为力点向前攻击，动作完成后恢复实战姿势站立。（图 4-589~图 4-591）

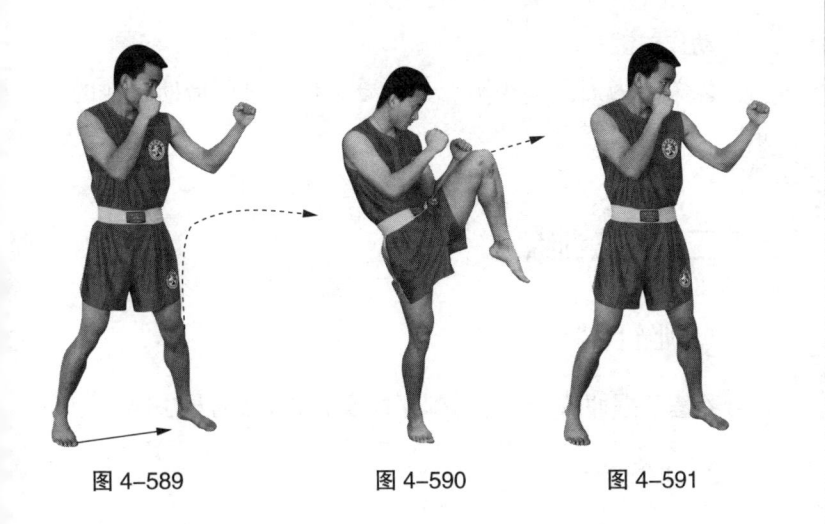

## 第四章 进攻技术训练

图 4-589　　　　图 4-590　　　　图 4-591

### (2) 右腿刺膝技术

实战姿势站立，右腿蹬地屈膝提起，右小腿充分折叠以膝关节为力点向前攻击，动作完成后恢复实战姿势站立。（图 4-592~图 4-594）

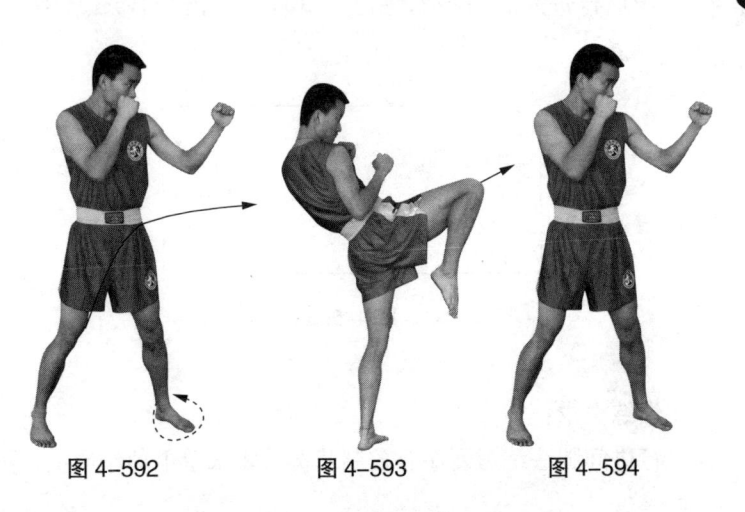

图 4-592　　　　图 4-593　　　　图 4-594

**动作关键：**

以关节为力点、小腿充分折叠，提膝时要借助蹬地的力量。

## 二、膝法训练

### 1. 训练目的

熟练掌握冲膝、惯膝与刺膝技术动作及攻防技法。

### 2. 训练方法

（1）实战姿势站立，转身摆腿训练。

**训练要求：**

初学者不宜用最大力量和速度进行练习，教练员应提示运动员运用自身力量和速度的 30%~50% 进行练习，反复强调膝法技术动作，注意控制身体平衡。

（2）行进间膝法技术练习（进攻和反击结合）。（图4-595）

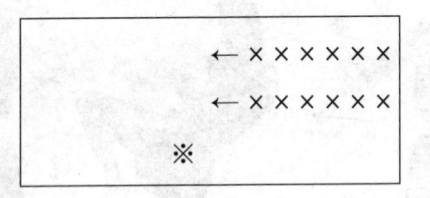

图4-595

**训练要求：**

行进间腿法练习要注意控制节奏，要求单个动作质量、不

## 第四章 进攻技术训练

要强调整体频率。

(3) 膝法攻击固定脚靶训练。(图 4-596、图 4-597)

图 4-596

图 4-597

**训练要求：**

主练运动员要调整距离，始终处于实战距离的约束下，不宜过近或过远，陪练运动员拿靶时要有短促的力量对抗，靶位一定要求实勿虚。

散打技术与实战训练

(4) 战术性技术组合空击训练

①拳法、腿法与膝法组合空击训练：右手直拳→左腿冲膝→右腿鞭腿。（图4-598~图4-603）

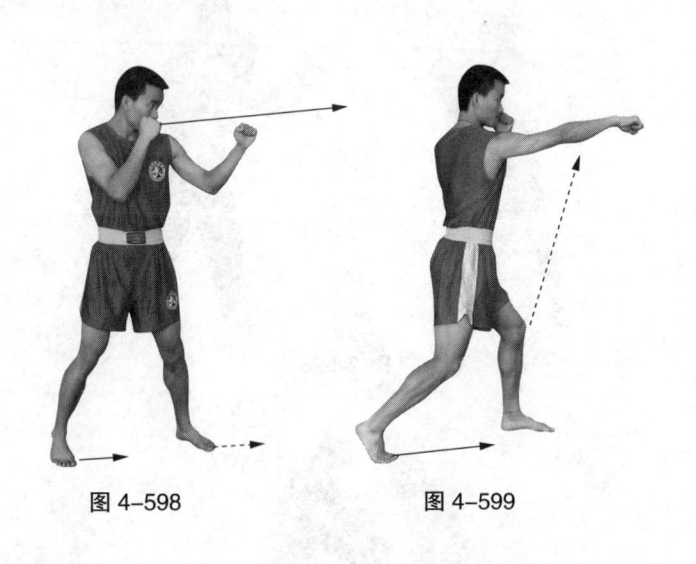

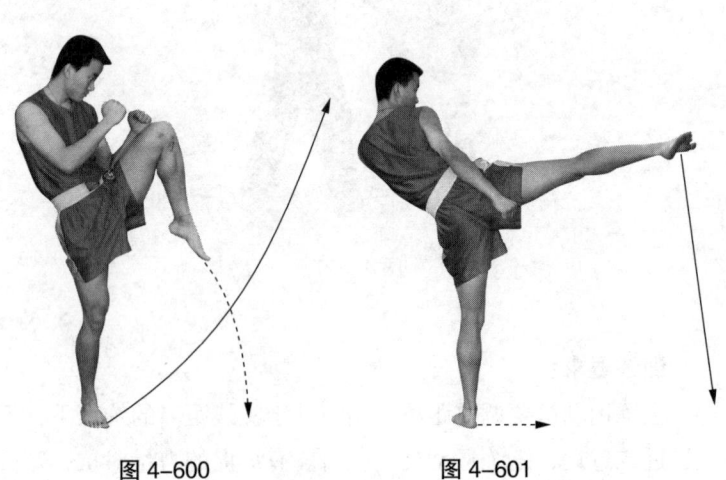

图4-598

图4-599

图4-600

图4-601

## 第四章 进攻技术训练

图 4-602

图 4-603

②拳法、腿法与膝法组合空击训练：左腿鞭腿→右手直拳→右腿惯膝。（图 4-604~图 4-609）

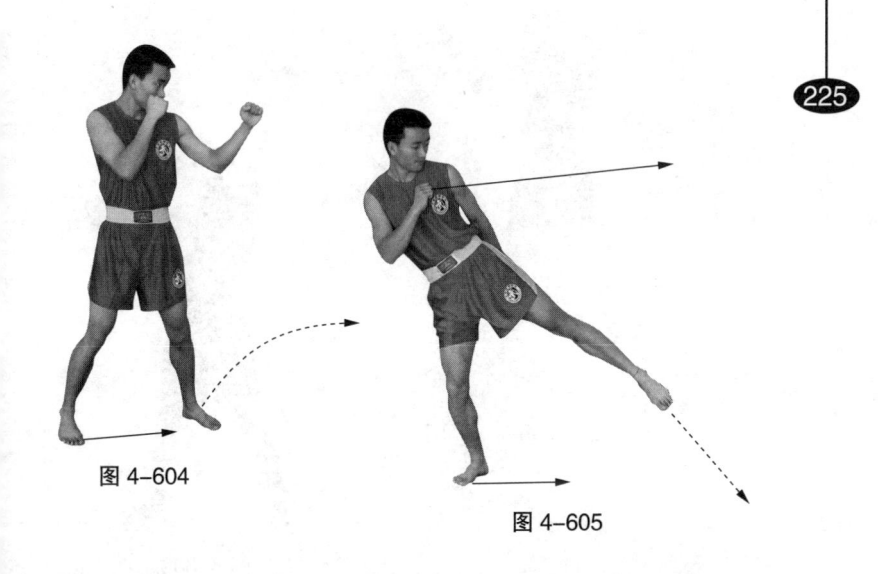

图 4-604

图 4-605

散打技术与实战训练

图 4-606

图 4-607

图 4-608

图 4-609

第四章 进攻技术训练

③拳法、腿法与膝法组合空击训练：左腿正蹬腿→右手直拳→左腿刺膝。（图4-610~图4-615）

图4-610

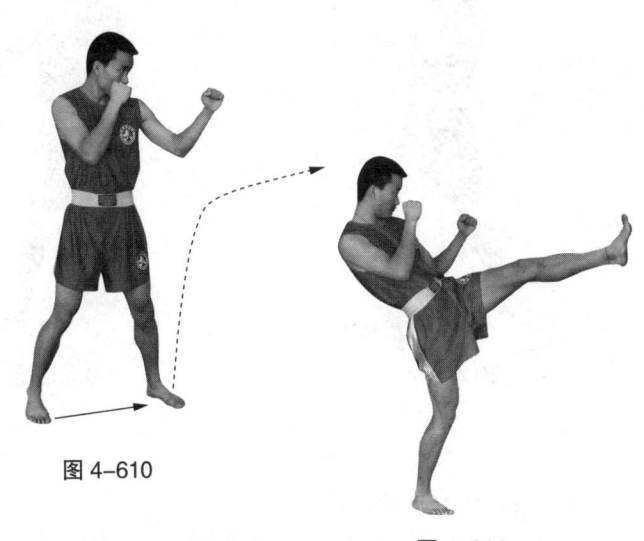

图4-611

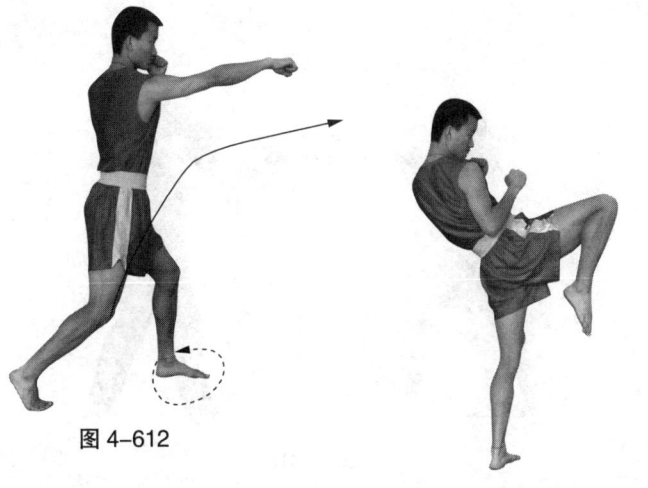

图4-612

图4-613

散打技术与实战训练

图 4-614

图 4-615

(5) 组合技术打靶训练

①左手直拳、右手直拳→右腿冲膝。（图 4-616~图 4-619）

图 4-616

# 第四章 进攻技术训练

图 4-617

图 4-618

图 4-619

229

②右手直拳→左腿惯膝。（图4-620~图4-622）

图4-620

图4-621

图4-622

## 第四章 进攻技术训练

③左手摆拳→右直拳→右腿刺膝。（图4-623~图4-626）

图4-623

图4-624

图4-625

图 4-626

**训练要求：**

膝法训练时需要较为近的距离，攻击时配合缠抱动作以加大攻击的力量。

(6) 攻防模拟训练

①进攻条件约束训练。（图 4-627）

图 4-627

## 第四章 进攻技术训练

**训练要求：**

双方近身缠抱，我方使用膝法进攻。

②反击条件约束训练。（图 4-628~图 4-631）

图 4-628

图 4-629

图 4-630

图 4-631

**训练要求：**

对方直拳进攻，我方推拍防守并运用膝法反击；对方欲下潜抱摔时，我方以膝法反击。

③模拟实战训练。（图4-632）

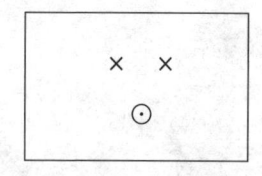

图 4-632
注：×为运动员，⊙为裁判员

**训练要求：**

在条件实战中约束进攻与反击方，在实战对抗的过程中寻找缠抱近身机会，然后突然使用膝法技术攻击。

## 第四节 摔法技术训练

摔法是散打技术体系区别于其他搏击术的主要特征之一，在散打比赛中运动员都要带拳套，对抗时几乎是无"把"可抓，这在一定程度上提高了摔法的难度。正因为如此，"巧"和"快"成了散打摔法的主要特点。散打摔法可以分为接腿摔和近身摔两种。

### 一、接腿摔

接腿摔是指在实战中通过接住或抓住对方的攻击腿后，采

## 第四章 进攻技术训练

用相应的方法破坏对方身体的重心使其失去平衡而摔倒的技术。本节重点介绍在比赛中常用的摔法技术和训练方法供大家选择。

### 1. 涮腿摔

对方运用左侧踹腿攻击我方胸部或腹部时，我利用里抄技术（在防守技术中详尽介绍）接住对方来腿，迅速向后撤步同时双手顺势后拉，在后拉的过程中突然改变方向，将对方的腿向下、向左、向上弧线牵引摔倒对方。（图4-633~图4-635）

图4-633

图4-634

图 4-635

**动作关键：**

里抄抓把要牢靠，向后牵引涮摔时改变路线要突然，要注意借助对方的攻击力量顺势牵引。

**训练目的：**

熟练掌握涮腿摔技术动作。

**训练方法：**

摔法技术的训练重点在于对对方力量大小和方向的把握，掌握了这个前提条件才能达到借力打力、以巧制胜的目的。训练中可以通过先分解训练然后再完整训练的过程来实现对技术的掌握，运动员对于技术的掌握主要来自于多练的正牵引积累，只有多练通过自己的真实体悟才能够积累经验掌握技巧巩固对正牵引的积累。所以此阶段的训练要求教练员在严格规范动作的同时贯彻精讲多练的训练原则。训练方法主要采用攻防对练的形式来实现，即通过主练和陪练来进行。模拟技术动作空击是其辅助的训练形式。

(1) 攻防对练

接腿训练→牵引变线→完整训练。

## 第四章　进攻技术训练

(2) 模拟技术步骤空击

假想对手攻击然后使用摔法反击。

### 2. 涮腿勾踢

对方运用左侧踹腿攻击我方胸部或腹部时，我利用里抄技术（在防守技术中详尽介绍）接住对方来腿后用力将其固定住，左腿向后撤步双手用力向后、向左侧牵引，同时左手搂住对方攻击腿，右手肘关节置于对方左腿膝关节处用力向上、向外（右）反别，动作不停，右手向外（右）别双手配合向上掀，同时左腿上步以右腿勾踢对方支撑腿的踝关节处，破坏对方身体平衡将其摔倒。（图4-636~图4-639）

图4-636

图4-637

图 4-638　　　　　　　　图 4-639

**动作关键：**

左手要搂紧，锁扣要牢，右手向右别掀要突然有力，别掀与勾踢动作要上下同时进行。

**训练目的：**

熟练掌握涮腿勾踢技术动作及攻防技法。

**训练方法：**

①分解训练；②完整训练；③模拟空击；④条件实战攻防。

**训练要求：**

注意感知对手的用力方向，整个动作要干净利索，协调统一、一气呵成。

3. 抱腿勾踢

对方运用左侧踹腿攻击我方右胸部或右腹部时，我利用外抄技术（在防守技术中详尽介绍）接住对方来腿后用力将其固定住，右脚向前上步，随即上手用力向上猛掀，以左腿勾踢对

## 第四章 进攻技术训练

方踝关节位置，破坏对方身体平衡将其摔倒。（图4-640~图4-642）

图4-640

图4-641

图4-642

**动作关键：**

外抄接腿时右手要注意对头部的防守，双手接锁动作要牢固、准确、有力，掀腿勾踢要连贯有力。

**训练目的：**

熟练掌握抱腿勾踢技术动作与攻防技法。

**训练方法：**

①分解训练；②完整训练；③模拟空击；④条件实战攻防。训练的核心精神是不断的通过攻防训练巩固强化技术动作。

**训练要求：**

注意对对手攻击意图的预判，整个动作要突出"快"与"巧"等技术要求。

### 4. 接腿别腿

**方法一：** 对方运用正蹬腿或鞭腿攻击我方右侧躯干部位时，我方以外抄技术接住对方攻击腿后，右手搂住其小腿，左手肘关节夹住其腘部位迅速用力向右后方旋压，同时以左腿别住对方支撑腿，破坏身体平衡，将其摔倒。（图4-643、图4-644）

图 4-643 　　　　　　　　图 4-644

## 第四章 进攻技术训练

**方法二**：对方运用正蹬腿或鞭腿攻击我方右侧躯干部位时，我方以外抄技术接住对方攻击腿后，以右手搂住对方攻击腿，左手摆拳猛击对方头部，同时用左腿别住对方支撑腿，将其摔倒。（图4-645、图4-646）

图4-645 　　　　　图4-646

**动作关键：**

接腿判断要准确，靶位转换要快速，上肢的旋压与摆拳击打动作与下肢的别腿动作要一致。

**训练目的：**

熟练掌握抱腿、别腿技术动作与攻防方法。

**训练方法：**

①分解训练；②完整训练；③模拟空击；④条件实战攻防。训练的核心精神是不断的通过攻防训练巩固强化技术动作。

**训练要求：**

精讲多练、重在体悟。

## 5. 接腿上托

对方运用正蹬腿攻击我方躯干部位时，我方以里抄技术接住对方攻击腿后迅速用力向上、向前猛掀，将其摔倒。（图4-647、图4-648）

图 4-647　　　　　图 4-648

**动作关键：**
接腿要稳、上托要突然果断。

**训练目的：**
熟练掌握抱腿上托技术动作与攻防技法。

**训练方法：**
①分解训练；②完整训练；③模拟空击；④条件实战攻防。训练的核心精神是不断地通过攻防训练巩固强化技术动作。

**训练要求：**
鼓励运动员接腿要大胆，从实践中学会化解对方力量，练习时贯彻精讲多练、重在体悟的原则。

## 6. 搂腿冲拳勾踢

对方运用右鞭腿攻击我方左侧躯干或下肢部位时，我方迅速向前滑步移动避开对方脚背力点的锋芒，同时以左手将其攻击腿搂住，以右手直拳猛击对方头部，同时右脚上步，以左脚勾踢对方支撑腿，将其摔倒。（图4-649~图4-651）

图4-649

图4-650

图4-651

**动作关键：**

要有敏锐的洞察能力，注意掌握好时机，在对方攻击鞭腿的同时运用直拳截击并搂腿，直拳击打与搂腿应在对方鞭腿攻击未接触我方时进行，上步与勾踢要协调一致。

**训练目的：**

熟练掌握搂腿冲拳、勾踢技术动作及攻防技法。

**训练方法：**

分解、完整、空击模拟相结合，最后通过攻防条件实战强化。

**训练要求：**

教练员要注意强调冲拳时机，强调冲拳搂腿与上步勾踢要连贯，要借助冲拳力量破坏对方重心。

## 7. 抱腿压颈勾踢

对方运用鞭腿攻击我方左侧躯干或下肢部位时，我方运用右手防守左手外抄技术（防守技术一章有详尽叙述）控制对方攻击腿，以右手由外向内按压对方颈部后侧，随即左手用力向上猛抬，右手向下、向后按压旋转，同时以右腿拦踢对方支撑腿外侧，将其摔倒。（图4-652~图4-654）

图 4-652 　　　　　　图 4-653

## 第四章 进攻技术训练

图 4-654

**动作关键:**
上肢的右手旋压、左手上提与下肢的拦踢要同时进行。
**训练目的:**
熟练掌握抱腿压颈勾踢技术动作及攻防技法。
**训练方法:**
分解训练、完整训练、攻防对练。
**训练要求:**
教练员注意提示运动员上下肢要协调用力。

### 8. 抱腿旋压

对方运用鞭腿技术攻击我方右侧躯干部位时,我方运用外抄技术接住对方攻击腿,随即右手向下搂住对方小腿,左手移至腘处以肘关节为轴,手臂回收将其夹紧,同时以左脚为轴,右脚向后撤步约 90°,左肩向下旋压,右手上提,将其摔倒。(图 4-655~图 4-657)

**散打技术与实战训练**

图 4-655

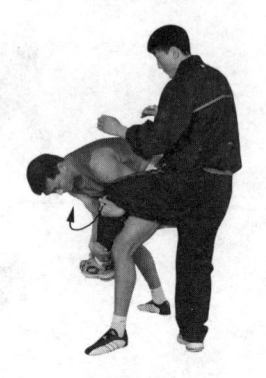

图 4-656

图 4-657

**动作关键：**

接腿要稳，左肩向下旋压的同时右手上提对方小腿，以左脚为轴撤步"变脸"要快。

**训练目的：**

熟练掌握抱腿旋压摔技术与攻防技法。

**训练要求：**

教练员提示要点，首先慢动作分解训练，等队员对技术原理有了一定的感知后再进行完整训练。

## 第四章 进攻技术训练

**训练要求：**

教练员要注意提示运动员抱腿、旋压、转体要果断、突然、一致。

### 9. 抱腿手别摔

对方运用鞭腿技术攻击我方右侧躯干部位时，我方运用外抄技术接腿，左脚向前上步，以左脚为轴，身体向右后方转体约90°，右手搂住对方小腿，同时左手置于对方支撑腿小腿处拦别，将其摔倒。（图4-658~图4-660）

图4-658 　　　　　　　　图4-659

图4-660

**动作关键:**

接腿要稳、转体与手别要同时进行。

**训练目的:**

熟练掌握抱腿手别摔技术与攻防技法。

**训练方法:**

教练员提示要点,首先慢动作分解训练,等队员对技术原理有了一定的感知后再进行完整训练。

**训练要求:**

教练员要注意提示运动员抱腿与手别动作要果断、突然、一致。

### 10. 抱腿过肩摔

对方运用鞭腿攻击我方躯干部位时,我方运用外抄技术接腿后向后牵引变线,同时迅速上步贴近对方,左手移至对方大腿根部,右手控制大腿,同时双腿迅速伸膝挺腰发力,将对方抱起后经左肩向后摔出。(图4-661~图4-663)

图 4-661

图 4-662

## 第四章 进攻技术训练

图 4-663

**动作关键：**

贴近抱起动作要配合抱腿后的向后牵引变线进行，向上发力时双脚应成马步站立。

**训练目的：**

熟练掌握抱腿过肩摔技术与攻防技法。

**训练方法：**

教练员注意提示运动员破坏对方身体平衡，讲解杠杆原理与扛起技巧。

**训练要求：**

扛起后的过肩摔要严加监控，确保安全。

## 11. 接腿反切摔

对方运用侧踹或鞭腿技术攻击我方躯干部位时，我方运用外抄技术接腿后迅速将对方攻击腿向左侧牵拉，以左手臂抱住对方攻击腿，右手置于对方颈部向右后方切拨，同时以右脚勾踢对方支撑腿，将其摔倒。（图 4-664、图 4-665）

图 4-664　　　　　　图 4-665

**动作关键：**

接腿后要配合由右向左的涮摔动作来贴近对方，上肢的切拨动作与脚下的勾踢动作要协调一致。

**训练目的：**

熟练掌握接腿反切摔的技术与攻防技法。

**训练方法：**

教练员要提示运动员接腿牵引涮摔动作与切拨勾踢的时机，通过分解与完整训练快速掌握技术。

**训练要求：**

强调细节，破坏平衡，不给对方反应机会。

## 二、近身摔

### 1. 抱腿过肩

对方以右手直拳攻击我方头部时，我方下潜防守的同时

## 第四章 进攻技术训练

迅速向前滑步，左手置于对方大腿根部，右手抱住大腿部位，挺腰、伸膝发力，将对方经左肩扛起后摔出。（图4-666~图4-668）

图 4-666

图 4-667 　　　　　图 4-668

**动作关键：**

下潜要突然，要注意把握时机，潜入后抓把要准确，挺腰发力要果断有力。

**训练目的：**

熟练掌握下潜抱腿过肩技术及攻防技法。

**训练方法：**

教练员要注意通过分解训练提示运动员下潜的时机以及挺腰发力扛起时破坏其身体平衡的关键。然后再通过完整练习与条件实战巩固训练成果。

**训练要求：**

狠抓技术关键环节，注意语言提示与讲解训练相结合。

## 2. 抱腿前顶

对方以直拳技术攻击我方头部时，或当我方快速抢把双手抱住对方双腿时，我方左肩用力前顶，同时双手用力后拉，破坏对方身体平衡，将其摔倒。（图 4-669~图 4-672）

图 4-669

图 4-670

## 第四章 进攻技术训练

图 4-671　　　　　图 4-672

**动作关键：**

下潜或抢把要突然，要注意把握时机，抓把要准确，前顶与后拉要同时完成。

**训练目的：**

熟练掌握抱腿前顶技术及攻防技法。

**训练方法：**

教练员要注意通过分解训练提示运动员抓把的时机以及前顶与后拉破坏其身体平衡的关键。然后再通过完整练习与条件实战巩固训练成果。

**训练要求：**

狠抓技术关键环节，注意语言提示与讲解训练相结合。

### 3. 抱腿上提勾踢

实战中双方近身缠抱或我方下潜抢把后以右手抄抱对方右侧大腿将其提起，左手抱其左侧腰间，双手同时用力向右后侧拧摔，以右腿向内勾踢其支撑腿，将其摔倒。（图4-673、图4-674）

图 4-673 　　　　　　　　图 4-674

**动作关键：**

下潜或抢把要突然，要注意把握时机，抓把要准确，右手上提拧摔与右脚勾踢要同时完成。

**训练目的：**

熟练掌握抱腿上提勾踢技术及攻防技法。

**训练方法：**

教练员要注意通过分解训练提示运动员抓把的时机以及上提、拧摔破坏其身体平衡的关键。然后再通过完整练习与条件实战巩固训练成果。

**训练要求：**

狠抓技术关键环节，注意语言提示与讲解训练相结合。

4. 插肩过背

双方缠抱时，我方迅速向左侧闪身，左臂由对方腋下穿过，同时以左脚为轴，右脚向右后方插步约 90°与左腿平行，双腿屈膝，以右手抓住对方左手臂，随即向下弓腰以臀部为支

第四章 进攻技术训练

点挺腰发力，将对方背起后向前摔出（图4-675~图4-677）

图4-675

图4-676

图4-677

**动作关键：**
　　近身缠抱时的插肩动作要善于借用对方向前对抗的力量，插肩动作完成后转体"变脸儿"要快，臀部的支撑点要恰当，上肢的下拉与臀部后顶支撑要协调一致。

**训练目的：**

熟练掌握插肩过背技术及攻防技法。

**训练方法：**

教练员要注意通过分解训练提示运动员插肩与过背的时机。

**训练要求：**

狠抓技术关键环节，特别是臀部支点与过背动作的协同，训练中教练员要注意语言提示与讲解训练相结合。

### 5. 抱腰过胸

双方近身缠抱，我方突然向前贴近对方后用双手抱住对方腰部，随即向前伸膝挺腰发力，将对方抱起后身体向后弓腰、仰头同时身体左转将对方摔于身下。（图4-678~图4-681）

图 4-678

图 4-679

## 第四章 进攻技术训练

图 4-680　　　　图 4-681

**动作关键：**

双手抱腰时要同时用力，破坏对方身体平衡后在空中完成左侧转体。

**训练目的：**

熟练掌握抱腰过胸技术及攻防技法。

**训练方法：**

教练员要注意通过分解训练提示运动员抱起后转体的时机。

**训练要求：**

狠抓技术关键环节，训练中教练员要注意语言提示与讲解训练相结合。

## 6. 夹颈过背

对方左拳攻击头部或双方缠抱时，我方迅速以左肘关节夹住对方颈部，右手抓住其上臂，同时以左脚为轴，右脚向右后方插步约90°与左腿平行，双腿屈膝，以右手抓住对方左手

臂，随即向下弓腰以臀部为支点挺腰发力，将对方背起后向前摔出。（图4-682~图4-685）

图4-682

图4-683

图4-684

图4-685

**动作关键：**

近身缠抱时的夹颈动作要善于借用对方向前对抗的力量，夹颈动作完成后转体"变脸儿"要快，臀部的支撑点要恰当，上肢的下拉与臀部后顶支撑要协调一致。

**训练目的：**

熟练掌握夹颈过背技术及攻防技法。

**训练方法：**

教练员要注意通过分解训练提示运动员夹颈与过背的时机。

**训练要求：**

狠抓技术关键环节，特别是臀部支点与过背动作的协同，训练中教练员要注意语言提示与讲解训练相结合。

7. 勾腿摔

双方缠抱时，我方迅速将左腿插入对方右腿后侧，同时膝关节弯曲回勾，双手抱住对方腰部用力向右旋拧转，将其摔倒。（图 4-686~图 4-688）

图 4-686

图 4-687

图 4-688

**动作关键：**

近身缠抱时要善于感知对手的用力方向，"拧摔"与"勾拦"要突然有力。

**训练目的：**

熟练掌握勾腿摔技术及攻防技法。

**训练方法：**

教练员要注意通过分解训练提示运动员勾腿的时机。

**训练要求：**

勾腿时要善于变招，根据对方的用力方向随机应变，教练员应提示引导运动员灵活变招。

### 8. 架拦踢

双方近身缠抱时，我方迅速用左手控制对方右手臂，同时将右手插入对方腋下，动作不停，身体突然向左侧闪身，同时右手臂上提并向上、向右后方旋转架拉，同时以右脚拦踢对方支撑腿，将其摔倒。（图4-689~图4-691）

图4-689

图4-690

图4-691

## 第四章 进攻技术训练

**动作关键：**

要善于感知对手的用力方向，所谓"未曾向左先向右、未曾向前先向后"要借助向前对抗时对方反击的力量借力"架旋"和"拦踢"。

**训练目的：**

熟练掌握架拦踢技术及攻防技法。

**训练方法：**

教练员要注意通过分解训练提示运动员架旋与拦踢的时机。

**训练要求：**

教练员应提示引导运动员灵活变招，通过身体感悟逐步引导运动员借力打力。

### 9. 搂推摔

双方近身缠抱或我方主动接近对方时，我方迅速以右手搂住对方前腿（左腿）用力向右后方牵拉，同时左右用力向后、向右推对方上体、旋转用力将其摔倒。（图4-692~图4-694）

图4-692 　　　　　　　　　图4-693

图 4-694

**动作关键：**

搂推摔的关键是旋转用力，双手用力要协调一致、突然有力，使对方猝不及防。

**训练目的：**

熟练掌握搂推摔技术及攻防技法。

**训练方法：**

教练员要注意通过分解训练提示运动员搂推与旋转的关键。

**训练要求：**

教练员应提示引导运动员通过身体感悟逐步掌握搂推的时机与发力关键。

## 10. 反压颈摔

双方近身缠抱，对方抱住我方腰部准备施摔时，我方迅速以右手肘关节反夹住对方的颈部用力向体后牵拉，同时以右脚向对方左脚拦踢，将对方摔倒。（图 4-695~图 4-697）

第四章　进攻技术训练

图 4-695　　　　　　　　图 4-696

图 4-696

263

**动作关键：**

旋转用力、向后牵拉与拦踢动作要协调一致，使对方猝不及防。

**训练目的：**

熟练掌握反压颈技术及攻防技法。

**训练方法：**

教练员要注意通过分解训练提示运动员牵拉与拦踢的关键。

**训练要求：**

教练员应提示引导运动员通过身体感悟逐步掌握牵拉、拦踢的时机与发力关键。

## 11. 靠切摔

双方对峙，我方右脚蹬地突然向前移动，将左腿插入对方双腿的后方，同时以左手摆拳击打对方头部，同时左脚向后猛力挑勾对方，将其摔倒。（图 4-698~图 4-700）

图 4-698

图 4-699

# 第四章　进攻技术训练

图 4-700

**动作关键：**

动作启动要突然，不给对方反应的机会，摆拳与挑勾要同时进行。

**训练目的：**

熟练掌握靠切摔技术要领与攻防技法。

**训练方法：**

首先利用分解示范使运动员掌握技术原理，然后再引导运动员理解使用该技术的时机与条件。

**训练要求：**

俗话说"起腿半边空"改变身体位移向前靠切虽然不是起腿动作，但也很容易将自己的破绽暴露给对方，所以训练时要求运动员一定要把握好进攻时机。

# 第五章  防守技术训练

散打的防守技术大体可以分为两类，一类是接触性的称为接触性防守，其主要特征是通过四肢及身体的阻挡来改变对方进攻的路线从而实现防守的目的。另一类是非接触性防守也称之为闪躲防守，主要是通过步法或身法来改变身体的位移从而使对方攻击动作落空的防守方法。

## 第一节  接触性防守

常用的接触性防守有阻挡防守、推拍防守、格架防守、挂挡防守、抱抄防守和截击防守组成。

## 一、阻挡防守

阻挡防守是一种较为被动的防守方法，主要包括肩臂阻挡和提膝阻挡两种形式。

### 1. 肩臂阻挡

实战姿势站立，两手臂回收贴近肋部，含胸收腹使躯干的正面处于手臂的保护之下。（图5-1、图5-2）

# 第五章 防守技术训练

图 5-1

图 5-1 附图

图 5-2

**动作关键：**

实际应用时双手回收要快，两臂要加紧，下颌内收。

**训练目的：**

了解并熟练掌握肩臂阻挡的技术特征与应用方法。

**训练方法：**

①模拟空击训练：在规范掌握技术动作后，想象对手进攻然后进行防守练习。

②条件实战训练：教练员指定一名运动员防守，另一名运动员进攻。

③防守反击训练：对方运用勾拳击打我方胸部或腹部，我方肩臂阻挡防守，随后以左手摆拳反击对方头部。（图5-3、图5-4）

图 5-3 　　　　　　　　　　图 5-4

**训练要求：**

要求运动员防守时要注意观察进攻对手，根据对方的攻击目标来改变防守的部位。

## 2. 提膝防守

实战姿势站立，左腿提起略高于髋关节，收腹含胸，小腿沿身体矢状轴防守。（图5-5~图5-7）

**动作关键：**

提膝时要注意借助对方攻击后的缓冲。

**训练目的：**

熟练掌握提膝防守技术要领与攻防技法。

## 第五章　防守技术训练

图 5-5　　　　　　　　图 5-6

图 5-7

**训练方法：**

①模拟空击训练：在规范掌握技术动作后，想象对手进攻，然后模拟进行防守训练。

②条件实战训练：教练员指定一名运动员防守，另一名运动员进攻。

③防守反击训练：对方运用低鞭腿攻击我方大腿，我方提膝防守后以右鞭腿反击对方头部。（图 5-8、图 5-9）

图 5-8 　　　　　　　　　图 5-9

**训练要求：**

要严格把握防守的时机，防守与反击转换要快。

## 二、格架防守

格架防守是散打实战中作常用的防守形式之一，主要是通过格挡的方式来破坏对方的进攻动作，从而达到防守的目的。

### 1. 斜上格架

实战姿势站立，右手（或左手）屈臂沿身体的矢状轴（身体中线）向上、向外抬起。（图 5-10~图 5-12）

**动作关键：**

收腹含胸，动作幅度不宜过大。

**训练目的：**

熟练掌握格架防守的动作技术及攻防技法。

**训练方法：**

①模拟空击训练：在规范掌握技术动作后，想象对手进攻

## 第五章　防守技术训练

图 5-10

图 5-11

图 5-12

然后模拟进行防守训练。

②条件实战训练：教练员指定一名运动员运用该技术防守，另一名运动员进攻。

③防守反击训练 1：对方运用直拳或摆拳攻击我方头部时，我格架防守的同时以右手直拳反击。（图 5-13、图 5-14）

散打技术与实战训练

图 5-13 　　　　　　　　　图 5-14

④防守反击训练 2：对方运用右鞭腿攻击我方头部时，我格架防守的同时以右鞭腿反击。（图 5-15、图 5-16）

图 5-15 　　　　　　　　　图 5-16

**训练要求：**

教练员要时刻提醒运动员防守后要有反击意识，攻防转换要快。

## 2. 斜下格架

实战姿势站立，左手由上向下、向左下方格架防守。（图 5-17~图 5-19）

图 5-17

图 5-18

图 5-19

**动作关键：**
动作幅度不宜过大，格挡对方的攻击时要有所缓冲力。

**训练目的：**

熟练掌握格架防守的动作技术及攻防技法。

**训练方法：**

①模拟空击训练：在规范掌握技术动作后，想象对手进攻然后模拟进行防守训练。

②条件实战训练：教练员指定一名运动员运用该技术防守，另一名运动员进攻。

③防守反击训练：对方运用鞭腿攻击我方躯干时，我格架防守的同时以右手直拳反击。（图5-20、图5-21）

图 5-20　　　　　　　图 5-21

**训练要求：**

教练员要注意提示运动员防守反击的转换速度。

## 三、推拍防守

推拍防守是散打基本的防守技术，分为向外推拍和向下推拍两种技术。

## 第五章 防守技术训练

### 1. 向外推拍

实战姿势站立，左（或右）手以掌心（或拳心）为力点，以肘关节为轴，向外横向推拍，根据实战需要和化解力量的大小可以双手同时向外推拍。（图5-22~图5-25）

图5-22

图5-23

图5-24

图5-25

**动作关键：**

动作幅度不宜过大，推拍要短促有力，右手置于下颌处防守。

**训练目的：**

熟练掌握向外推拍防守的动作技术及攻防技法。

**训练方法：**

①模拟空击训练：在规范掌握技术动作后，想象对手进攻然后模拟进行防守训练。

②条件实战训练：教练员指定一名运动员运用该技术防守，另一名运动员进攻。

③防守反击训练1：对方运用右直拳攻击我方头部时，我推拍防守的同时以右手直拳反击。（图5-26、图5-27）

图 5-26 　　　　　　　　　　图 5-27

④防守反击训练2：对方运用左鞭腿攻击我方头部时，我推拍防守的同时以右鞭腿反击。（图5-28、图5-29）

**训练要求：**

教练员应提示运动员对对方的攻防动作要有准确的预判。

## 第五章 防守技术训练

图 5-28

图 5-29

## 2. 向下推拍

实战姿势站立，以左手（或右手）掌心或拳心为力点，双手由上向下推拍。根据实战需要和化解力量的大小可以双手同时向外推拍。（图 5-30~图 5-32）

**动作关键：**

动作幅度要小，推拍时要有短促的发力。

# 散打技术与实战训练

图 5-30

图 5-31

图 5-32

**训练目的：**

熟练掌握向外推拍防守的动作技术及攻防技法。

**训练方法：**

①模拟空击训练：在规范掌握技术动作后，想象对手进攻然后模拟进行防守训练。

②条件实战训练：教练员指定一名运动员运用该技术防

## 第五章 防守技术训练

守，另一名运动员进攻。

③防守反击训练：对方运用鞭腿攻击我方头部时，我推拍防守的同时以右腿鞭腿反击。（图5-33、图5-34）

图5-33

图5-34

**训练要求：**
预判、推拍、反击细节要严格要求，转换要快。

## 四、截击防守

截击防守是一种积极的防守技术,在比赛中经常运用,是在准确判断对方进攻意图的前提下,采取直接有效的动作进行阻截,从而破坏对方的进攻意图。截击防守分为拳截击和腿截击两种类型。

### 1. 拳法截击

双方对峙,对方欲使用右鞭腿攻击我方躯干部位时,我在准确判断对方动作意图的前提下迅速改变方位并向前移动,右手直拳后发先至击打对方头部。(图 5-35、图 5-36)

图 5-35

图 5-36

## 第五章　防守技术训练

**动作关键：**

判断准确，须在对方鞭腿未接触我方时完成攻击。

**训练目的：**

熟练掌握拳法截击防守的动作技术及攻防技法。

**训练方法：**

①模拟空击训练：在规范掌握技术动作后，想象对手进攻然后模拟进行防守训练。

②条件实战训练：教练员指定一名运动员运用该技术防守，另一名运动员进攻。

③防守反击训练：对方运用鞭腿攻击我方躯干时，我直拳截击防守的同时以左腿勾踢反击，将其摔倒。（图5-37、图5-38）

图 5-37　　　　　　　　图 5-38

**训练要求：**

预判要准确，后发先至，教练员要提示运动员对时机的把握。

## 2. 腿法截击

双方对峙，对方欲使用直拳攻击我方头部时，我在准确判

散打技术与实战训练

断对方动作意图的前提下抢先以左侧踹攻击对方躯干进行阻截。（图 5-39、图 5-40）

图 5-39

图 5-40

**动作关键：**
预判准确，须在对方拳法未接触我方时完成攻击。
**训练目的：**
熟练掌握腿法截击防守的动作技术及攻防技法。

## 第五章　防守技术训练

**训练方法：**

①模拟空击训练：在规范掌握技术动作后，想象对手进攻然后模拟进行防守训练。

②条件实战训练：教练员指定一名运动员运用该技术防守，另一名运动员进攻。

③防守反击训练：对方运用鞭腿攻击我方躯干时，我以侧踹进行截击。（图 5-41、图 5-42）

图 5-41

图 5-42

训练要求：

教练员要引导队员建立正确的截击时机和距离。

## 五、抱抄防守

抱抄防守主要是用于防守对方腿法的技术，是接腿摔技术的前提和关键。

### 1. 里抄

实战姿势站立，左手臂由下向上抄起，右手臂由上向下按压，两拳拳心相向，前臂互相接触，左手在下，右手在上交叉锁扣成"十"字（图5-43~图5-45）。鞭腿里抄方法（图5-46），侧踹里抄方法。（图5-47）

图5-43 　　　　　图5-44 　　　　　图5-45

## 第五章 防守技术训练

图 5-46

图 5-47

**动作关键：**

预判准确，两臂锁扣要紧。

**训练目的：**

熟练掌握里抄接腿防守的动作技术及攻防技法。

**训练方法：**

①模拟空击训练：在规范掌握技术动作后，想象对手进攻然后模拟进行防守训练。

②条件实战训练：教练员指定一名运动员运用该技术防守，另一名运动员进攻。

③防守反击训练1：对方运用侧踹腿攻击我方躯干时，我方里抄防守接住对方来腿后将其摔倒。（图5-48~图5-51）

散打技术与实战训练

图 5-48

图 5-49

图 5-50

图 5-51

## 第五章 防守技术训练

④防守反击训练2：对方运用鞭腿攻击我方躯干时，我方里抄防守接住对方来腿后将其摔倒。（图5-52、图5-53）

图5-52 　　　　　　图5-53

**训练要求：**

里抄防守对对手攻击目标与时机的把握非常重要，教练员要注意强调和讲解。

## 2. 外抄

实战姿势站立，身体略向左侧转体，左手臂由下向外、向上抄起，右手臂由上向下、向外按压，两拳拳心相对，前臂互相接触，左手在下，右手在上交叉锁扣成"十"字。（图5-54~图5-56）

**动作关键：**

预判准确，双手臂锁扣要紧，右手要有防守意识。

**训练目的：**

熟练掌握外抄接腿防守的动作技术及攻防技法。

散打技术与实战训练

图 5-54　　　　　　　图 5-55

图 5-56

**训练方法：**

①模拟空击训练：在规范掌握技术动作后，想象对手进攻然后模拟进行防守训练。

②条件实战训练：教练员指定一名运动员运用该技术防守，另一名运动员进攻。

③防守反击训练：对方运用鞭腿攻击我方躯干时，我方外抄防守接住对方来腿后将其摔倒。（图 5-57~图 5-59）

第五章　防守技术训练

图 5-57　　　　　　　　图 5-58

图 5-59

**训练要求：**

在外抄训练时教练员要强调右手对头部的防护，接腿时要注意化解对方的力量。

## 六、搂腿

搂腿是指对方运用弧线型腿法攻击我方躯干或下肢时，我方在调整距离避开对方锋芒后直接用手将其攻击腿控制住的方法。

散打技术与实战训练

对方使用鞭腿攻击我方躯干时,我方在向前移动改变位置的前提下,左手由下向上、向内将其攻击腿控制住。(图5-60)

图 5-60

**动作关键:**

预判准确,搂腿时一定要有向前的位移以避开对方锋芒。

**训练目的:**

熟练掌握搂腿、接腿防守的动作技术及攻防技法。

**训练方法:**

①模拟空击训练:在规范掌握技术动作后,想象对手进攻然后模拟进行防守训练。

②条件实战训练:教练员指定一名运动员运用该技术防守,另一名运动员进攻。

③防守反击训练:对方运用鞭腿攻击我方躯干时,我方搂腿接住对方来腿后将其摔倒。(图5-61~图5-64)

**训练要求:**

严格规范搂腿的距离、时机与部位。

## 第五章 防守技术训练

图 5-61

图 5-62

图 5-63

图 5-64

## 七、挂挡防守

挂挡防守主要是用来破坏对方攻击路线的防守技术。

实战姿势站立，以左脚为轴，身体向右侧转体约 45°，同时左手臂微屈由下向外（右）挂防。（图 5-65~图 5-67）

散打技术与实战训练

图 5-65

图 5-66

图 5-67

**动作关键：**

预判准确，挂挡防守时，挂和拨的动作要连贯。

**训练目的：**

熟练掌握挂挡防守的动作技术及攻防技法。

**训练方法：**

①模拟空击训练：在规范掌握技术动作后，想象对手进攻

## 第五章 防守技术训练

然后模拟进行防守训练。

②条件实战训练：教练员指定一名运动员运用该技术防守，另一名运动员进攻。

③防守反击训练：对方运用侧踹腿攻击我方躯干，我方向外挂挡防守后以右直拳和左腿鞭腿反击。（图5-68~图5-70）

**训练要求：**

注意体会挂防的"挂"和向外"拨"的动作，提示运动员判断时机要准确，挂防要巧妙。

图 5-68  　　　　　图 5-69

图 5-70

## 八、防摔技术

摔法技术是实战中主要的进攻和反击方法，因此在实战中对于摔法的防守也是散打防守技术的关键，常用的防摔方法主要有推阻法和击打法。

### 1. 推阻法

①实战中对方欲下潜抄抱我方下肢施摔时，我方迅速降低身体重心，双手抓住对方的腰背部位向下、向后按拉，同时两腿用力向后蹬伸，破坏对方动作意图。（图5-71）

图5-71

②实战中对方接住我方攻击腿欲贴近后勾踢我方支撑腿施摔时，我迅速用双手击打并推住对手的双肩与对方保持距离，破坏其动作意图。（图5-72、图5-73）

③实战中对方抱住我方单腿欲使用方法施摔时，我方迅速用肘关节夹住对方颈部，同时抱紧对方，破坏其动作意图。（图5-74、图5-75）

## 第五章 防守技术训练

图5-72

图5-73

图5-74

图5-75

④实战中对方接住我方腿法欲进身施摔时，我方攻击腿的膝关节迅速弯曲，小腿用力向下挣脱，或以膝关节为轴将小腿插入对方裆部形成杠杆作用使其不能抱起。（图5-76~图5-78）

**训练要求：**

采取针对性的训练，强化运动员对动作的感知力，增强防摔技术。

散打技术与实战训练

图 5-76

图 5-77

图 5-78

## 2. 击打法

实战中对方欲下潜抱腿或搂住我方攻击腿时，我方迅速以相应的拳法用力击打对方的头部，以此来破坏对方的动作意图。（图5-79、图5-80）

图 5-79 　　　　　　图 5-80

**动作关键：**

采用击打防守时，击打的力度、部位和准确程度是能否破坏对方动作意图的关键。采用推阻防摔时，对对方的用力方向和动作意图一定要有所感知，合理对抗、控制身体平衡才是防摔的关键。

**训练目的：**

熟练掌握防摔技术及攻防技法。

**训练方法：**

①条件实战训练：教练员指定一名运动员运用该技术防守，另一名运动员进攻。

②针对性实战训练：采取开放式或半开放式的摔法实战训

练来巩固和积累防摔经验。

**训练要求：**

摔法的防守是经验的积累，只有准确判断对方的动作意图和变招意图才能有效防守，所以训练时，教练要更换不同的陪练对手进行针对性的练习，从而使运动员积累经验。

## 第二节 非接触性防守

主要是通过步法或身法来改变身体的位移从而使对方攻击动作落空的防守方法。防守的具体技术主要由步法闪躲防守和身法闪躲防守组成。

### 一、步法闪躲防守

#### 1. 步法闪躲防守技术

步法闪躲防守技术主要有后滑步、撤步、环绕步、后纵步和跨步，其详细的方法和要求见本书的步法一节，在此从略。

#### 2. 步法闪躲防守训练总体要求

步法闪躲技术应用起来较为经济，可以最大限度地消耗对方的体力，削减对方的攻击信心，因此在实战和比赛中应用率较高。在实际操作的训练过程中教练员要严格把握两点，第一，防守要与反击技术紧密结合，最大限度地缩短运动员防守后反击的反应时间；第二，闪躲的距离要适当，不宜太远也不宜太近，闪躲距离太远当转化为反击时也很难接触对方，闪躲

## 第五章 防守技术训练

太近又有被连续击中的危险。因此掌握一个适中的距离非常重要，这种距离的把握是随着技术水平的提高而建立的，所以在训练中，教练员一定要从实战需要出发并强调以上两点。

## 二、身法闪躲防守

### 1. 身法闪躲防守技术

#### (1) 后闪

实战姿势站立，身体重心后移，双手置于体前防守，上体向后闪躲。（图 5-81、图 5-82）

图 5-81 　　　　　　　　图 5-82

**实战作用：**
用于闪躲对方对于头部和胸部的攻击。

### (2) 下潜

实战姿势站立，收腹团身，两膝关节微屈，上体前倾，左手臂自然垂于体侧，右手臂置于头部防守。（图5-83、图5-84）

图 5-83　　　　　　　　　图 5-84

**实战作用：**
下潜多用于摔法技术中闪躲后的攻击抢把。

### (3) 摇避

实战姿势站立，膝关节弯曲，收腹团身，上体前倾，以腰部为轴由左向后或由右向左摇身闪躲，双手置于体前防守。（图5-85、图5-86）

**实战作用：**
用于闪躲对方的拳腿攻击。

## 第五章　防守技术训练

图 5-85　　　　　　图 5-86

## 2. 身法闪躲训练方法

①身法闪躲防守动作关键：以腰为轴，身体放松，闪躲后恢复要快。

②身法闪躲防守训练方法：第一，空击训练规范技术动作；第二，假想对手模拟练习；第三，条件实战训练；第四，实战训练。

③身法闪躲防守训练要求：第一，防守要与反击技术紧密结合；第二，闪躲的幅度要根据对手进攻动作随机应变，动作要适中不宜过大。

# 第六章 防守反击技术训练

防守反击顾名思义是指防守后再进行反击的技术，散打的防守反击转换过程实际上就是控制与反控制的过程，实战中运动员通过合理有效的防守，摆脱对方控制然后再进行反击，从而控制对方这一过程就是防守反击的过程。在这一过程中防守与反击的转换速度成了运用技术的关键，防守反击转换速度的快与慢、成功与失败的关键取决于三方面的因素，第一，反应速度；第二，掌握动作的熟练程度；第三，采用技术的合理性。本章将介绍在实战和比赛过程中运用率较高的技术供大家选择训练。

## 第一节 拳法的防守反击

### 一、拳法防守反击技术范例

#### 1. 摇避→左手直拳反击

实战过程中，对方运用右摆拳技术击打我方头部时，我在准确判断对方动作意图的前提下摇避躲闪对方来拳，而后迅速以左摆拳反击对方的头部。（图6-1、图6-2）

## 第六章　防守反击技术训练

图 6-1 　　　　　　　　　图 6-2

**训练要求：**

预判准确，防守和反击转换快速果断。

### 2. 格架防守→右手直拳反击

实战过程中，对方运用右直拳或右摆拳技术击打我方头部时，我在准确判断对方动作意图的前提下格架防守对方来拳，同时以右手直拳连接左手摆拳反击对方的头部。（图6-3~图6-5）

图 6-3 　　　　　　　　　图 6-4

散打技术与实战训练

图 6-5

**训练要求：**

预判要准确，防守与反击动作要同时进行。

### 3. 推拍防守→右手直拳反击

实战过程中，对方运用直拳技术击打我方头部时，我在准确判断对方动作意图的前提下推拍防守对方来拳，同时以右手直拳反击对方的头部。（图 6-6、图 6-7）

图 6-6 　　　　　　　　　　　　图 6-7

## 第六章　防守反击技术训练

**训练要求：**

预判准确，防守和反击转换快速果断。

### 4. 后闪→左手摆拳反击→右手直拳反击

实战过程中，对方运用直拳技术击打我方头部时，我在准确判断对方动作意图的前提下向后闪躲防守对方来拳，同时以左手摆拳连接右手直拳反击对方的头部。（图6-8~图6-10）

**训练要求：**

预判准确，防守和反击转换快速果断。

图 6-8

图 6-9

图 6-10

## 二、动作关键与训练方法

### 1. 拳法防守反击的动作关键

①准确预判对方的进攻意图和进攻部位。

②防守与反击的动作要转换快速，有些防守技术需要防守后再反击，有些动作在防守的同时就要反击，在实际训练中要明确认识和把握。

### 2. 拳法防守反击训练方法

①教练员在准确讲解动作要求后，可以指定一名运动员手持手靶，另一名运动员进行攻防强化训练。

②双方在戴上拳击手套的前提下进行轻接触的反应训练。

③半放开的条件实战训练。

## 第二节　腿法的防守反击

### 一、腿法的防守反击技术范例

#### 1. 左提膝防守→左侧踹反击

实战过程中，对方运用鞭腿技术攻击我方下肢，我在准确判断对方动作意图的前提下提膝防守对方来腿，同时以左腿侧踹反击对方的头部。（图6-11、图6-12）

## 第六章　防守反击技术训练

图 6-11　　　　　　　　图 6-12

**训练要求：**

提膝防守要有缓冲，侧踹要求快速果断。

### 2. 后滑步→右低鞭腿反击

实战过程中，对方运用左鞭腿技术攻击我方大腿，我在准确判断对方动作意图的前提下后滑步（前腿后撤）防守对方来腿，同时以右鞭腿反击对方大腿。（图 6-13、图 6-14）

图 6-13

图 6-14

**训练要求：**

后滑躲闪的距离要适中，防守与反击转换要快。

### 3. 侧踹腿截击防守→右鞭腿反击

实战过程中，对方运用右鞭腿技术攻击我方头部，我在准确判断对方动作意图的前提下以侧踹腿后发先至攻击对方躯干阻截对方，而后迅速以右腿鞭腿反击对方头部。（图 6-15~图 6-17）

图 6-15

## 第六章 防守反击技术训练

图 6-16

图 6-17

**训练要求：**

训练时阻截时机要把握准确，反击要快。

### 4. 左撤步防守→左鞭腿反击

实战过程中，对方运用右鞭腿技术攻击我方大腿，我在准确判断对方动作意图的前提下左腿向后撤步躲闪，而后迅速以左鞭腿反击对方头部。（图 6-18~图 6-20）

图 6-18

散打技术与实战训练

图 6-19

图 6-20

**训练要求：**
左腿撤步距离要适中，撤步后转换反击要快速。

## 二、动作关键与训练方法

### 1. 腿法防守反击动作的关键

①准确预判对方的进攻意图和进攻部位。

②防守与反击的动作要转换快速，有些防守技术是需要防守后再反击，有些动作是在防守的同时就要反击，在实际训练中要明确认识和把握。

### 2. 腿法防守反击训练方法

①教练员在准确讲解动作要求后，可以指定一名运动员手持脚靶，另一名运动员进行攻防强化训练。

## 第六章 防守反击技术训练

②双方在戴上拳击手套的前提下进行轻接触的反应训练。
③半放开的条件实战训练。

## 第三节 拳法与腿法组合防守反击

### 一、拳法与腿法组合防守反击技术范例

#### 1. 推拍防守→右直拳→右鞭腿

实战过程中，对方运用鞭腿技术攻击我方头部，我在准确判断对方动作意图的前提下双手向外推拍防守，而后迅速以左摆拳连接右腿鞭腿反击对方。（图6-21~图6-23）

图6-21

图6-22

散打技术与实战训练

图 6-23

**训练要求:**

预判要准确,反击要快速连贯。

## 2. 推拍防守→右鞭腿→右手摆拳

实战过程中,对方运用鞭腿技术攻击我方头部,我在准确判断对方动作意图的前提下左手向外推拍防守,而后迅速以右鞭腿连接右手摆拳反击对方。(图 6-24~图 6-26)

图 6-24

## 第六章 防守反击技术训练

图 6-25

图 6-26

**训练要求：**

右鞭腿攻击后，右脚可以落在前面也可以收回落于后侧，摆拳反击应在鞭腿下落的同时发起。

### 3. 挂挡防守→右手直拳→左鞭腿

实战过程中，对方运用正蹬腿或侧踹腿技术攻击我方躯干，我在准确判断对方动作意图的前提下左手向下、向外防守，而后迅速以右手直拳连接左鞭腿反击对方。（图 6-27~图 6-29）

图 6-27

图 6-28

散打技术与实战训练

图 6-29

**训练要求：**

预判要准确，反击技术要连贯。

### 4. 格架防守→右手直拳→右鞭腿

实战过程中，对方运用右直拳或右摆拳技术攻击我方头部，我在准确判断对方动作意图的前提下左手向上格架防守，而后迅速以右直拳连接左摆拳及右腿鞭腿反击对方。（图6-30~图6-33）

图 6-30             图 6-31

## 第六章 防守反击技术训练

图 6-32

图 6-33

**训练要求：**

预判要准确，反击技术要连贯。

### 5. 截击防守→右手直拳→左手摆拳

实战过程中，对方运用右鞭腿技术攻击我方躯干，我在准确判断对方动作意图的前提下以右腿正蹬后发先至截击对方，同时以右直拳、左摆拳组合反击对方。（图 6-34~图 6-36）

图 6-34

图 6-35

散打技术与实战训练

图 6-36

**训练要求：**

预判要准确，反击转换要快速、技术要连贯准确。

## 二、动作关键与训练方法

### 1. 拳法与腿法防守反击的动作关键

①准确预判对方的进攻意图和进攻部位。

②进行拳腿组合技术的训练以提高连贯性。

③防守与反击的动作要转换快速，有些防守技术是需要防守后再反击，有些动作是在防守的同时就要反击，在实际训练中要明确认识和充分把握。

### 2. 拳法与腿法防守反击训练方法

①教练员在准确讲解动作要求后，可以指定一名运动员手持脚靶，另一名运动员进行攻防强化训练。

②双方在戴上拳击手套和护具的前提下进行轻接触的反应

训练。

③半放开的条件实战或实战训练。

## 第四节 拳、腿、摔组合的防守反击

## 一、拳、腿、摔防守反击技术范例

### 1. 侧踹截击防守→下潜防守→过肩摔

实战过程中，对方运用直拳连续攻击我方头部，我在准确判断对方动作意图的前提下以侧踹腿阻截防守，在效果不佳的情况下，对方近身后仍然以拳法攻击我方头部，我方迅速下潜抱腿，利用抱腿过肩摔技术反击对方。（图6-37~图6-40）

**训练要求：**

下潜近身抱腿要快，不给对方反应机会。

**图 6-37**

图 6-38

图 6-39 　　　　　图 6-40

## 2. 搂腿→右手直拳→勾踢摔

实战过程中，对方运用右鞭腿攻击我方大腿或躯干，我在准确判断对方动作意图的前提下上步搂腿防守，同时以右手直拳猛击对方面部，接着再以左勾踢将对方摔倒。（图 6-41~图 6-43）

## 第六章 防守反击技术训练

图 6-41

图 6-42

图 6-43

**训练要求：**

右手直拳击打力量要大，破坏对方身体平衡为勾踢做好铺垫，"打"与"勾"同时进行。

3. 里抄防守→勾踢摔

实战过程中，对方运用左鞭腿攻击我方躯干，我在准确判断对方动作意图的前提下里抄防守，同时迅速向前上步，双手

用力旋转上掀并以左勾踢将其摔倒。（图 6-44~图 6-46）

图 6-44

图 6-45 　　　　　　　　图 6-46

**训练要求：**

里抄接腿后的猛力上掀要突然快速，"掀"与"勾"要同时进行。

### 4. 里抄→涮腿勾踢摔

实战过程中，对方运用左侧踹腿攻击我方躯干，我在准确

## 第六章 防守反击技术训练

判断对方动作意图的前提下里抄防守，同时迅速向前上步以涮腿勾踢技术将对方摔倒。（图6-47~图6-50）

图6-47

图6-48

图6-49

图6-50

**训练要求：**

里抄接腿后近身涮腿要快速，右手向右侧的别与左腿的勾踢要同时进行。

## 二、动作关键与训练方法

### 1. 拳法、腿法与摔法防守反击的动作关键

①准确预判对方的进攻意图和进攻部位。

②进行拳腿摔组合技术的空击与条件模拟训练以提高动作连贯性。

③防守与反击的动作要转换快速，有些防守技术是需要防守后再反击，有些动作是在防守的同时就要反击，在实际训练中要明确认识和充分把握。

### 2. 拳法、腿法与摔法防守反击训练方法

①教练员在准确讲解动作要求后，可以指定一名运动员手持脚靶，另一名运动员进行攻防强化训练。

②双方在戴上拳击手套和护具的前提下进行轻接触的反应训练。

③半放开的条件实战或实战训练。

## 第五节　反反击技术

我方主动进攻后对方针对我方的进攻动作做出反击，我方再根据对方反击技术进行反击的这一过程称为反反击。反反击

## 第六章 防守反击技术训练

的攻防模式要比反击技术加深一个层次。

## 一、反反击技术训练范例

1. 我方直拳进攻→对方摆拳反击→我方摇避闪躲后摆拳反击

实战过程中，我方以左直拳进攻对方头部，对方躲闪后迅速以右摆拳反击，我方摇避闪躲后再以左摆拳反击。（图 6-51~图 6-54）

图 6-51

图 6-52

图 6-53　　　　　　　　　　图 6-54

**训练要求：**

判断对方反击意图要准确，对对方的下一步动作要有预判。

2. 我方单跳步侧踹腿进攻→对方鞭腿反击→我方转身后摆腿反击

实战过程中，我方提膝单跳步向前拉近距离，然后以左侧踹腿攻击对方躯干部位，对方向后闪躲的同时欲以左鞭腿反击我方，我方迅速以转身后摆腿反击对方头部。（图6-55~图6-58）

图 6-55

# 第六章 防守反击技术训练

图 6-56

图 6-57

图 6-58

**训练要求：**

判断对方反击意图要准确，对对方的下一步动作要有预判。

### 3. 我方左鞭腿进攻→对方右鞭腿反击→我方搂腿冲拳勾踢反击

实战过程中，我方向前垫步以左鞭腿攻击对方左大腿部位，对方躲闪后以右鞭腿反击我方大腿或躯干，我方再以搂腿勾踢反击对方将对方摔倒。（图6-59~图6-63）

图 6-59

图 6-60

# 第六章　防守反击技术训练

图 6-61

图 6-62

图 6-63

**训练要求：**

判断对方反击意图要准确，对对方的下一步动作要有预判。

## 4. 我方右直拳进攻→对方下潜抱腿摔反击→我方反夹颈摔反击

实战过程中，我方运用右直拳攻击对方头部，对方下潜闪

躲后欲以抱腿摔反击，我方迅速用右手夹住对方颈部以反夹颈摔反击。（图 6-64~图 6-67）

图 6-64

图 6-65

图 6-66

图 6-67

**训练要求：**

判断对方反击意图要准确，对对方的下一步动作要有预判。

## 第六章 防守反击技术训练

5. 我方鞭腿连接摆拳进攻→对方鞭腿反击→我方抱腿勾踢反击

实战过程中，我方以左鞭腿连接左摆拳进攻，对方提膝防守与格架防守后以左鞭腿反击，我方以抱腿勾踢反击对方。（图 6-68~图 6-73）

**训练要求：**

判断对方反击意图要准确，对对方的下一步动作要有预判。

图 6-68

图 6-69

散打技术与实战训练

图 6-70

图 6-71

图 6-72

图 6-73

## 二、动作关键与训练方法

### 1. 拳法、腿法与摔法防守反击动作关键

①反反击训练可以是根据对方的变化而产生的自动条件反射，也可以是预先判断好对方的反击习惯，给对方预先设计好的圈套，在训练中要培养运动员逻辑思维与应变能力。

②进行攻防意识的空击训练和条件模拟训练以提高动作的连贯性。

③防守与反击的动作要转换快速，有些防守技术是需要防守后再反击，有些动作是在防守的同时就要反击，在实际训练中要明确认识和充分把握。

## 2. 拳法、腿法与摔法防守反击训练方法

①教练员在准确讲解动作要求后，可以指定一名运动员手持脚靶，另一名运动员做攻防强化训练。

②双方在戴上拳击套和护具的前提下进行轻接触的反应训练。

③半放开的条件实战或实战训练。

# 第七章  散打专项身体素质训练

专项身体素质是决定运动成绩的基础，专项身体素质训练是散打训练的重要内容。运动素质是机体在活动时所表现出来的各种基本运动能力，这些运动能力共同构成了散打运动员的专项身体素质，决定着竞技能力的提高，通常由力量、耐力、速度、柔韧、灵敏等素质组成。

## 第一节  专项力量训练

力量素质主要是人体神经肌肉系统在工作时克服或对抗阻力的能力。力量素质是散打运动员最重要的身体素质之一，主要由最大力量、速度力量和力量耐力组成。

### 一、最大力量的训练方法与要求

1. 训练目的

发展和提高最大力量。

## 第七章 散打专项身体素质训练

## 2. 训练方法

### (1) 发展上下肢最大力量的常用方法

①卧推杠铃训练：仰卧在长凳上做卧推杠铃动作。（图 7-1、图 7-2）

图 7-1

图 7-2

**训练要求：**

采用本人最大负荷的 85% 以上，每组 1~3 次，完成 6~10 组。

②杠铃屈臂（或哑铃屈臂）：两脚左右开立与肩同宽，两手反握杠铃提至腹前，以肘关节为轴做两臂屈伸动作。（图 7-3、图 7-4）

图 7-3

图 7-4

**训练要求：**

采用接近本人的最大强度进行练习，然后递增接近极限。次数略少，组间间歇时间略长。

③负重深蹲：肩负杠铃（或重物），做深蹲起。（图 7-5、图 7-6）

**训练要求：**

采用本人最大负荷的 85%以上，每组 1~3 次，完成 6~10 组。

# 第七章 散打专项身体素质训练

图 7-5

图 7-6

(2) 发展腹背肌最大力量的训练方法

①负重仰卧起坐：两手持杠铃置于头后，做仰卧起坐。（图 7-7）

**训练要求：**

采用本人最大负荷的 80% 以上，每组 6~8 次，完成 6~8 组。

②负重俯卧体后屈：俯卧，两脚固定住，两手持杠铃置于头后做身体抬起动作。（图 7-8）

图 7-7　　　　　　　　　图 7-8

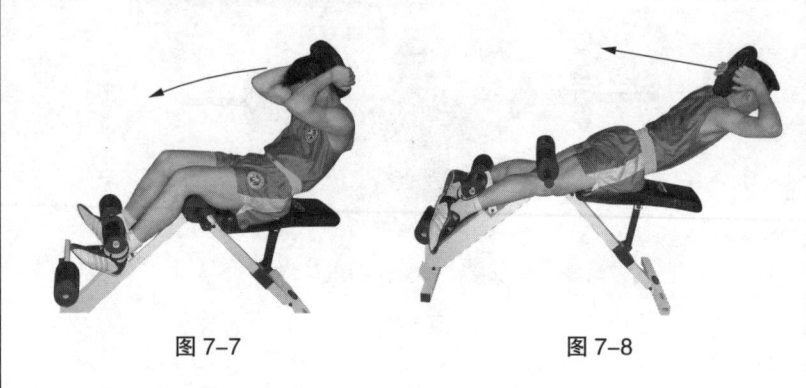

**训练要求：**

采用本人最大负荷的 80% 以上，每组 6~8 次，完成 6~8 组。

**(3) 发展全身最大力量的训练方法**

①抓举杠铃、挺举杠铃或涮推杠铃片。（图 7-9~图 7-14）

图 7-9　　　　　　　　　图 7-10　　　　　　　　　图 7-11

## 第七章　散打专项身体素质训练

图 7-12　　　　图 7-13　　　　图 7-14

**训练要求：**

采用本人最大负荷的 80% 以上，每组 6~8 次，完成 6~8 组。

### 3. 发展最大力量训练的总体要求

①选择自己能够负担的最大重量稍轻一些的重量，训练的重量以能够重复 8~10 次及感到疲劳为宜，多组重复训练，组间休息 2~3 分钟。

②儿童和少年的训练以动力练习为主，尽量避免静力性练习，避免憋气，注重全面发展力量训练。

## 二、速度力量的训练方法与要求

### 1. 训练目的

发展和提高速度力量。

## 2. 训练方法

（1）抓握小哑铃进行拳法练习：握小哑铃做各种拳法组合练习，负重与不负重交替练习效果会更好。（图7-15）

图 7-15

**训练要求：**

采取最大负荷的 30%~50%，每组练习重复 1~5 次，间歇时间为 1~3 分钟为宜，训练时间不宜过长，应在 15~20 分钟之间为宜。

（2）牵引器械或握橡皮筋冲拳：牵引器械或将橡皮筋一端固定后，成实战姿势做冲拳练习。（图7-16、图7-17）

**训练要求：**

采取最大负荷的 30%~50%，每组练习重复 1~5 次，间歇时间为 1~3 分钟为宜，训练时间不宜过长，应在 15~20 分钟之间为宜。

# 第七章 散打专项身体素质训练

图 7-16

图 7-17

（3）负重弹跳：在负重沙袋或杠铃的情况下做各种步法练习。（图 7-18）

图 7-18

**训练要求：**

采取最大负荷的 30%~50%，每组练习重复 1~5 次，间歇时间为 1~3 分钟为宜，训练时间不宜过长，应在 15~20 分钟之间为宜。

（4）负重做腿法练习：腿系沙绑腿做各种腿法练习。（图 7-19）

图 7-19

**训练要求：**

采取最大负荷的 30%~50%，每组练习重复 1~5 次，训练时间不宜过长，应在 15~20 分钟之间为宜。

（5）单腿连续快速侧蹬腿练习：规定在固定的时间内完成，如限定 10 秒钟完成 15~20 次。（图 7-20）

**训练要求：**

采取最大力量的 30%~50%，每组练习重复 1~5 次，训练时间不宜过长，应在 15~20 分钟之间为宜。

# 第七章 散打专项身体素质训练

图 7-20

### 3. 发展速度力量训练的总体要求

①处理好负荷与恢复的关系。在一个训练阶段中应循序渐进的提高负荷量度，使不同性质的力量交替进行。

②在发展大肌肉群训练的同时注意小肌肉群的训练。

③训练中要充分调动运动员的训练热情，训练后要注意肌肉的拉伸与放松。

## 三、力量耐力的训练方法与要求

### 1. 训练目的

发展和提高力量耐力。

### 2. 训练方法

(1) 扛人或抱人跑练习：将同伴抱起或扛起做短距离的冲刺跑练习。（图 7-21、图 7-22）

图 7-21     图 7-22

**训练要求：**

采用 25%~40% 的负荷强度，根据负荷的强度安排重复次数，多次重复达到或接近极限。

（2）推小车：直臂俯撑，身体挺直，由同伴握住自己踝关节处，双手向前爬行或双手用力向前跳行。（图 7-23）

**训练要求：**

采用 25%~40% 的负荷强度，根据负荷的强度安排重复次数，多次重复达到或接近极限。

图 7-23

# 第七章 散打专项身体素质训练

(3) 俯卧撑：直臂俯撑，身体挺直，两手屈臂支撑，用力伸直。也可以双拳或十指着地进行练习。（图7-24、图7-25）

图 7-24

图 7-25

**训练要求：**

采用25%~40%的负荷强度，根据负荷的强度安排重复次数，多次重复达到或接近极限。

(4) 仰卧两头起：身体仰卧，两臂伸直，两臂和两腿同时向上抬起，然后快速还原，连续练习。也可以做俯卧两头起，动作要领与仰卧相同，但仰卧背部贴近地面，而俯卧则是腹部贴近地面。（图7-26、图7-27）

图 7-26

图 7-27

**训练要求:**

采用 25%~40%的负荷强度，根据负荷的强度安排重复次数，多次重复达到或接近极限。

(5) 肋木垂悬举腿：背靠肋木，双手抓住横木做举腿收腹动作。（图 7-28、图 7-29）。

图 7-28           图 7-29

## 第七章 散打专项身体素质训练

**训练要求：**

采用25%~40%的负荷强度，根据负荷的强度安排重复次数，多次重复达到或接近极限。

（6）蹲起侧踹腿：屈膝全蹲，起身后做侧踹腿练习。（图7-30、图7-31）

图 7-30    图 7-31

**训练要求：**

采用25%~40%的负荷强度，根据负荷的强度安排重复次数，多次重复达到或接近极限。

（7）蛙跳练习：屈膝全蹲，双腿蹬地连续向前跳跃。（图7-32、图7-33）

图 7-32

图 7-33

**训练要求：**

采用 25%~40% 的负荷强度，根据负荷的强度安排重复次数，多次重复达到或接近极限。

### 3. 发展力量耐力训练的总体要求

①重复次数一定要多，不能以重复组数弥补次数。

②训练时教练员可以通过监测运动员的心率安排下一组练习，待心率恢复至 110~120 次/分钟时进行下一组训练。

③训练时要处理好负荷与恢复之间的关系，提倡积极性休息。

## 第二节  专项速度训练

速度素质是指人体快速运动的能力，分别由反应速度、位移速度和动作速度组成。

# 第七章　散打专项身体素质训练

## 一、反应速度训练方法与要求

### 1. 训练目的

发展和提高反应速度。

### 2. 训练方法

①信号刺激法：突然发出简单的信号，要求运动员第一时间快速反应。

②背向单腿或交替提膝，听见教练口令或信号时快速转身做 30 米冲刺跑。

③躲闪对方攻击练习：陪练队员蒙住双眼或转身后突然运用技术攻击，主练队员根据攻击动作做出反应。（图 7-34~图 7-39）

图 7-34 　　　　　　　　　　图 7-35

散打技术与实战训练

图 7-36

图 7-37

图 7-38

图 7-39

④选择性的反应练习：如教练员发出单数口令时，运动员向前移动做动作，教练员发出双数口令时，运动员则向后移动做动作。

### 3. 训练要求

①反应速度取决于遗传因素的影响，训练是使运动员潜在反应速度表现并稳定下来；②要求运动员注意力集中；③反应的动作必须熟练。

## 二、动作速度的训练方法与要求

### 1. 训练目的

发展和提高动作速度。

### 2. 训练方法

①双方在远距离不接触的情况下，一方进攻，另一方根据对方的动作防守反击。在单个动作速度练习时，一人实战姿势站好，等教练或同伴发出声音或信号后以最快的速度进行攻防动作练习。

②运动员在完成向前鞭腿攻击时教练员可以采用助力的方法帮助运动员送髋。

③可以利用稍下坡的地势完成向前的腿法攻击动作。

④可以遵照重量由重到轻的顺序进行减轻负重训练。

### 3. 训练要求

①动作速度提高的训练必须要求运动员在保证正确动作的前提下进行；②动作的训练要与实战需要紧密结合；③训练时间不宜过长，一般不超过20秒，要求运动员在较高的兴奋条件下进行。

## 三、位移速度的训练方法与要求

1. 训练目的

发展和提高移动速度。

2. 训练方法

①一方喂靶或护具,另一方根据不同的靶位进行反应击打。
②两人一组巧摸对方的头或肩练习。
③70%的强度下的 20 米冲刺跑,3~5 次。
④70%的强度下的 10~15 秒钟单腿连续鞭腿练习,3~5 次一组,采用放松慢跑或拉伸运动充分休息。
⑤70%强度的 100 米跑或 90%强度的 50 米跑练习,1~2 次,采用放松慢跑或拉伸运动充分休息。

3. 训练要求

①训练时多采用 70%~95%的负荷强度。
②练习次数不宜过多。
③使运动员集体充分间歇后再进行下一次练习。

## 四、速度训练的总体要求

①速度训练一定要安排在运动员精神饱满、运动欲望强、兴奋性较高的情况下进行,通常安排在训练课的前半部分进行。

②速度训练应结合散打的专项素质进行。

③掌握不同年龄阶段的训练要求，一般青少年的发展趋势是 6~12 岁时反应速度提高较大，在这个区间内 9~12 岁提高尤为显著。7~17 岁时为动作速度提高效果较好阶段。移动速度男女存在差异，13 岁以后男孩逐渐超过女孩，男子 18 岁以后还有提高趋势，女子 17 岁后呈减慢趋势。

## 第三节　专项柔韧训练

柔韧素质是指人体关节在不同方向上的运动能力以及肌肉、韧带等软组织的伸展能力。柔韧素质在散打专项训练中十分重要，尤其是腿部的柔韧性将直接影响腿法的质量和击打的高度。

## 一、柔韧素质训练的目的与方法

### 1. 训练目的

发展和提高柔韧素质。

### 2. 训练方法

**(1) 肩部柔韧性练习**

①压肩：两臂、两腿伸直，振幅逐步加大，也可以在同伴帮助施加压力进行练习，压点集中在肩部。（图 7-40）

图 7-40

②交叉环绕：两脚左右站立，两臂直臂上举，左臂向前、向下、向后，右臂向后、向下、向前，两臂同时于体侧划立圆环绕，绕环方向交替进行。（图 7-41、图 7-42）

图 7-41　　　　　　　　　图 7-42

## 第七章 散打专项身体素质训练

③单臂绕环：左弓步站立，左手按于左膝上，右臂垂于体侧，右臂由下向上、向后、向前绕环一周，然后再由下向后、向上、向前绕环一周。（图7-43~图7-45）。

图 7-43　　　　　　图 7-44

图 7-45

④两脚开立，上体左转成左弓步，同时右臂向右前下方伸出，左掌心向里，掌指向下，插于右臂肘关节处；动作不停，上体右转成右弓步，同时右臂直臂由左向上，向右抡臂

划弧至右上方,左掌下落至左上方;动作不停,上体右后转,同时右臂直臂向下、向后抡臂划弧至后方,左臂直臂向下、向前抡臂划弧至前上方;动作不停,上体左转成右仆步,同时右臂直臂向上、向右、向下抡臂划弧至右腿内侧拍地,左臂向下、向左抡臂划弧停于左上方;练习时左右交替进行。(图 7-46~图 7-49)

图 7-46

图 7-47

图 7-48

图 7-49

## 第七章 散打专项身体素质训练

(2) **腰部柔韧性练习**

①体后屈：运动员跪在垫子上，两腿并拢压在臀部下，身体向后仰卧。（图7-50）

图7-50

②涮腰：两脚开立，距离与肩同宽，两臂自然下垂。以髋关节为轴，上体前俯，两臂随之向左前方伸出；然后向前、向右、向后、向左翻转绕环。（图7-51~图7-53）

图7-51 　　　　　　图7-52

图 7-53

## 3. 腿部柔韧练习

### (1) 压腿

压腿分正压腿、侧压腿和后压腿等几个方面。下面分别加以介绍：

①正压腿：面对横木或一定高度的物体，并步站立，左腿提起，脚跟放在横木上，脚尖勾紧，两手扶按膝上。两腿伸直、立腰、收髋，上体前屈，并向前、向下做振压动作。（图7-54、图7-55）

**训练要求：**

直体向前、向下振压，逐步加大振压幅度，先以前额、鼻尖、触及脚尖，然后过渡到下额触及脚尖，练习时左右交替进行。

## 第七章 散打专项身体素质训练

图 7-54

图 7-55

②侧压腿：侧对肋木或一定高度的物体，并步站立，右腿支撑，脚尖稍外展，左腿脚尖勾紧举起，脚跟放在肋木上，右臂屈肘上举，左掌附于右胸前，两腿伸直，立腰、开髋，上体向左侧振压。（图 7-56、图 7-57）

**训练要求：**

直体向侧方、向下振压，逐步过渡到上体侧卧到被压腿上，练习时左右交替进行。

散打技术与实战训练

图 7-56

图 7-57

③后压腿：侧对肋木或一定高度的物体，并步站立，两手叉腰或扶一定高度的物体，右腿支撑，左腿举起，脚背放在肋木上，脚面绷直，上体后屈并做振压动作。（图 7-58）

**训练要求：**

两腿挺膝，支撑腿全脚着地，脚指抓地，挺胸、展髋，腰后屈。左右交替进行。

# 第七章 散打专项身体素质训练

图 7-58

④虚步压腿：并步站立，一腿屈膝支撑，另一腿向前伸直；脚跟触地，脚尖勾紧上翘；上体前俯，右手握住左脚内侧；两臂屈肘，两手用力后拉，用前额或下颌触及脚尖；稍停片刻，然后上体直起，略放松，然后接着做下一次；两脚交替进行。（图 7-59、图 7-60）

图 7-59 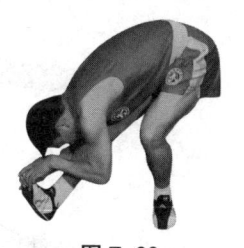　　　　　　　图 7-60

⑤仆步侧压腿：两脚左右开立，右腿屈膝全蹲，全脚着地，左腿挺膝伸直，脚尖内扣，尽量远伸，然后两手分别抓住

两脚外侧成左仆步，然后将身体重心移至左脚成右仆步。（图7-61、图7-62）

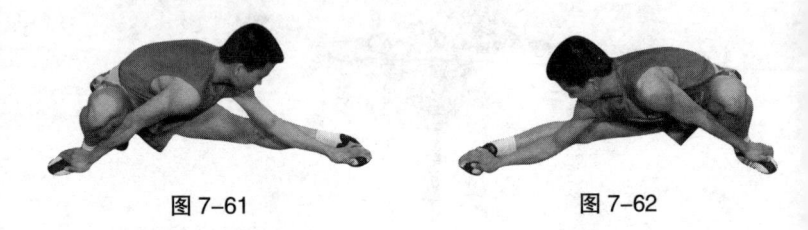

图 7-61　　　　　　　　图 7-62

**训练要求：**

挺胸、塌腰、下振时逐渐用力，臀部和腿内侧尽量贴近地面，左右交替进行。

⑥分腿侧压：两腿左右分开，坐在地板上，上体向左侧转体使胸腹部贴在左腿上，同时双手抓住左脚用力向下振压。（图7-63、图7-64）

图 7-63

图 7-64

## 第七章 散打专项身体素质训练

**训练要求：**

向下压是要逐渐用力，两腿的角度应逐渐增大，左右交替进行。

(2) 踢腿

踢腿是散打技术中腿功练习的主要内容，也是表现基本功训练的主要方面之一，通过踢腿练习，可以提高腿部的柔韧、灵敏、力量、速度等素质，踢腿方法有正踢、侧踢、外摆、里合、后踢等。这里我们着重介绍正踢、里合、外摆三种踢腿方法。

①正踢：身体正直站立（或手扶肋木），两掌左右伸开，挺胸抬头，目视前方，左腿勾足，挺膝踢起，然后下落。（图7-65、图7-66）

图 7-65

图 7-66

**训练要求：**

上体要快速有力。

②里合：两手立掌，两臂侧平举，左腿向前上半步，右脚脚尖勾起、里扣，并向右上方踢起，经面前向左侧上方直腿摆动，落于左脚左侧，做里合腿时左掌可以在左侧上方迎击右脚，眼向前平视。（图7-67、图7-68）

图 7-67

图 7-68

**训练要求：**

挺胸，直腰，展髋，摆动幅度要大，快起快落。

③外摆：两手立掌，两臂侧平举，左腿向右前方上步，右脚尖勾紧，向左侧上方踢起，经面前向右侧上方摆动，直腿落在左腿旁，眼向前平视。（图7-69、图7-70）

**训练要求：**

挺胸，直腰，展髋，摆动幅度要大，快起快落。

图 7-69

图 7-70

(3) 劈叉

劈叉分为横叉和竖叉两种，劈叉练习时可以让同伴帮助压后大腿根部，向下压的力量应逐渐用力，不可突然用力以免受伤。

①竖劈叉：两腿前后分开成一条直线，前腿的脚后跟、小腿、腓肠肌和大腿后侧的肌群压紧地面脚尖勾起，后腿的脚背、膝关节和股四头肌压紧地面，脚尖指向正后方，髋关节向前扭转，臀部压紧地面，上体正直，也可以做上体前俯压紧前面腿，做向前俯压动作，亦可以做上体后屈做向后振压动作。（图 7-71）

**训练要求：**

挺腰直背，沉髋挺膝，前俯勾脚，后屈伸踝，交替进行。

图 7-71

②横劈叉：两腿左右一字伸开，两手可以辅助支持，两腿的内后侧着地，压紧地面；两脚的脚跟着地，两脚尖向左右两侧伸展或勾紧，髋关节放松，成"一"字形，可上体前俯，亦可以上体向左右侧倒，充分拉长大腿内后侧肌肉。（图 7-72）

图 7-72

**训练要求：**
挺腰直背，沉髋挺膝。

## 二、柔韧素质训练的总体要求

①柔韧练习前要充分热身，外界温度与自身温度过低都会影响肌肉的伸展能力，所以充分的准备活动是柔韧练习的前提。
②柔韧素质的训练要与力量素质的训练相结合。
③柔韧素质的训练关键是要保证循序渐进和持之以恒。

④要采用多种方法进行柔韧素质训练。

⑤少儿在 7 岁以前是柔韧训练最佳阶段，在进行训练时对采用主动练习避免因外力作用导致关节或骨骼变形，13~16 岁以出现骨骼损伤，16 岁以后可逐渐加大柔韧练习的负荷和强度。

## 第四节　专项耐力训练

耐力素质是指有机体坚持长时间运动的能力。按照人体的生理系统分类可将耐力素质分为肌肉耐力（力量耐力）和心血管耐力（有氧耐力和无氧耐力）两类。

## 一、专项耐力的训练目的与方法

### 1. 有氧耐力训练目的与方法

**(1) 训练目的**

发展和提高有氧耐力。

**(2) 训练方法**

①各种形式的长时间跑。

②越野跑：将心率指标控制在每分钟 150~170 次，负荷时间为 30~60 分钟；也就是说在心率为 150~170 次的情况下进行 30~60 分钟的越野跑训练，要坚持跑完全程。

③10~15 分钟跳绳练习：即在 10~15 分钟的时间内进行跳绳练习，并且要求保持跳动频率不变，可以变换跳动方式，如

单脚跳、双脚跳等。

④组合技术空击练习：可以采用各种进攻与防守动作练习，要求动作快速，连续，协调间歇时间短。每组2~3分钟，做5~8组。组间休息1分钟。

⑤一人对多人的车轮战：练习者1人与3位或4位陪练进行逐一实战或条件实战；比赛时间为每局2~3分钟；练习者不得休息连续进行，每局换一位体力充沛者与其对阵。

⑥采用间歇训练法进行有氧和无氧耐力综合训练。

间歇训练法是指对多次练习的间歇时间作出严格规定，使机体处于不完全恢复状态下，反复进行练习的训练方法[1]。间歇训练法可分为三种类型，即：高强性间歇训练方法、强化性间歇训练方法和发展性间歇训练方法（表7-1）。

表7-1 间歇训练法的基本类型及特点

| 类型<br>要素 | 高强性间歇训练 | 强化性间歇训练<br>A型 | 强化性间歇训练<br>B型 | 发展性间歇训练 |
| --- | --- | --- | --- | --- |
| 负荷时间 | <40秒 | 40~90秒 | 90~180秒 | >5分钟 |
| 负荷强度 | 大 | 大 | 较大 | 中 |
| 心率指标 | 190次 | 180次 | 170次 | 160次左右 |
| 间歇时间 | 很不充分 | 不充分 | | 不充分 |
| 间歇方式 | 走、慢跑 | 走、慢跑 | | 走、慢跑 |
| 每次心率 | 120~140次 | 120~140次 | | 120次 |
| 供能形式 | 糖酵解功能为主的混合代谢功能 | 糖酵解功能为主的混合代谢功能 | | 有氧代谢为主的混合代谢功能 |

注：依胡亦海，1998，引自田麦久，《运动训练学》，人民体育出版社，2000.

---

[1] 田麦久. 运动训练学 [M]. 北京：人民体育出版社，2000.158.

## 第七章 散打专项身体素质训练

发展性间歇训练法是发展有氧代谢系统供能能力、有氧代谢下运动强度以及心脏功能的一种重要训练方法。适用于散打技术中步法、腿法等技术的组合，使其与发展专项耐力训练及在无氧和有氧条件下代谢系统的供能能力结合起来。此方法在训练实践中运动员的心率控制在 160 次/分钟左右，负荷时间在 5 分钟以上，待心率降至 120 次/分钟，开始下一次练习。

### 2. 无氧耐力训练目的与方法

**(1) 训练目的**

发展和提高无氧耐力素质。

**(2) 训练方法**

①400 米跑练习。

②上下台阶跑：练习者面对台阶以最快的速度冲刺上台阶，然后放松走下来，每组 8~10 分钟，间歇 3~5 分钟，做 2~3 组。

③30 米、60 米、100 米冲刺跑。

④400 米、800 米变速跑，如在 400 米跑道上，直道时全速冲刺跑（80~100 米），弯道时进行放松走。

⑤打手靶练习：可以行进中打，也可以后退打，数量为 50 次。要求：出拳速度快，密度要大。

⑥单腿的鞭腿踢脚靶（50 次，40 次，30 次，20 次，10 次）呈递减；或（50 次，40 次，30 次，20 次，10 次）呈递增；要求：规定时间内完成，动作速度要快，衔接频率要快。

⑦反应打靶练习：两人一组，一人在移动中任意出靶，

练习者快速反击进行击打，3分钟一组，每组间歇30秒，共做6组。

(3) 采用循环训练法进行有氧与无氧耐力综合训练

循环训练法是指根据训练的具体任务，将练习手段设置为若干个练习站，运动员按照既定的顺序和路线，依次完成每站练习任务的训练方法[1]。循环训练法是将其他训练法综合运用进行练习的组织形式，按照组练习的间歇负荷特征可以将循环训练法分为三种，即循环重复训练、循环间歇训练和循环持续训练法（表7-2）。

表7-2 循环训练法的基本类型及特点

| 要素＼类型 | 循环重复训练 | 循环间歇训练 | 循环持续训练 |
| --- | --- | --- | --- |
| 循环过程 | 间歇且充分 | 间歇不充分 | 基本无间歇 |
| 负荷强度 | 最大 | 次大 | 较小 |
| 负荷性质 | 速度爆发力 | 速度耐力 | 耐力 |
| 供能形式 | 以磷酸原代谢系统供能为主 | 以糖酵解代谢系统供能为主 | 以有氧代谢系统供能为主 |

注：依胡亦海，1998，引自田麦久，《运动训练学》

循环重复训练法在跆拳道训练中重点是发展运动员的速度素质和速度力量素质，提高运动员在大强度下技战术的运用能力，在训练实践中常常将技术动作训练、身体素质训练和能量

---

[1] 田麦久. 运动训练学 [M]. 北京：人民体育出版社，2000.169.

## 第七章 散打专项身体素质训练

代谢系统的训练结合起来，进行综合性的训练。如：图7-73这种练习的负荷强度最大，每站间的间歇要充分。

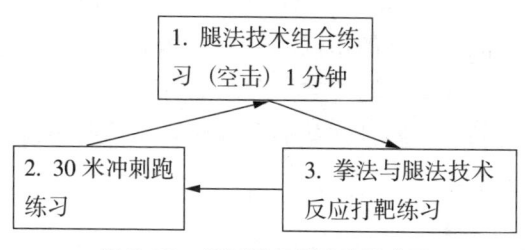

```
        ┌─────────────────┐
        │ 1. 腿法技术组合练 │
        │ 习（空击）1分钟  │
        └─────────────────┘
         ↙              ↘
┌──────────────┐    ┌──────────────────┐
│ 2. 30米冲刺跑 │ ← │ 3. 拳法与腿法技术 │
│    练习       │    │   反应打靶练习    │
└──────────────┘    └──────────────────┘
```

图7-73 循环重复训练法模式图

循环间歇训练法的练习负荷量较大，但每站练习后的间歇时间较短，使运动员的机体处于不完全恢复的状态下就进行下一站的练习，这种训练法方法的目的是提高乳酸系统供能能力和无氧有氧混合供能能力，提高速度力量、速度耐力和力量耐力以及运动员在疲劳状态下完成技战术的能力。在实践中我们常把大强度的技术练习与身体练习配合起来进行训练，如：先进行1分钟的反应打靶练习，然后完成腹背肌各30次，完成后再进行两人一组的条件实战（1分钟），最后再进行200米抱人或扛人跑练习。上述练习内容组间休息5~10秒，完成4个练习内容为一大组，组间休息时间的设置要与比赛局间休息相近（图7-74）。

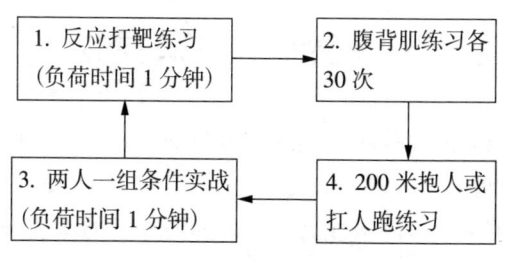

```
┌──────────────────┐    ┌──────────────────┐
│ 1. 反应打靶练习   │ →  │ 2. 腹背肌练习各   │
│ （负荷时间1分钟） │    │    30次          │
└──────────────────┘    └──────────────────┘
         ↑                        ↓
┌──────────────────┐    ┌──────────────────┐
│ 3. 两人一组条件实战│ ← │ 4. 200米抱人或    │
│ （负荷时间1分钟） │    │    扛人跑练习     │
└──────────────────┘    └──────────────────┘
```

图7-74 循环间歇训练法模式图

循环持续训练法是按照持续训练法的要求，各组之间不安排间歇时间，用较长的时间连续进行练习的方法。这种训练方法在散打中主要用于发展力量耐力及有氧和无氧耐力，从而提高技战术之间的衔接能力。如在技术训练时，安排3~6个练习站，依次是侧踹空击、拳法打靶、鞭腿空击、拳腿组合、反应打靶、摔法对抗6种腿法空击或打靶练习，循环数组。（图7-75）

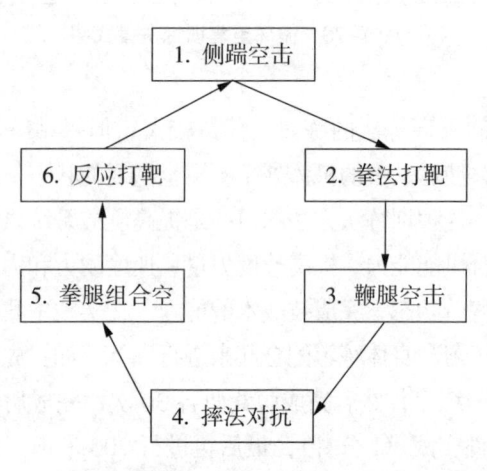

图7-75 循环持续训练法模式图

## 二、专项耐力素质训练的总体要求

①专项耐力训练时要加强动机激励，培养运动员坚韧不拔的意志品质。

②强调和改善呼吸能力，强调加大呼吸的深度来改善体内氧气的供给。

③儿童和少年的耐力训练必须以有氧耐力为主。过早进行无氧训练会影响儿童的呼吸和循环系统的功能水平。

④要根据练习的要求,合理地安排运动量、训练强度和间歇时间。

⑤训练时所选择的耐力训练内容要与专项相结合进行,使运动员适应散打比赛的对抗激烈、强度大的特点,结合散打基本技术,发展符合散打所需要的专项耐力。

## 第五节 灵敏与协调素质训练

灵敏、协调素质是散打训练中非常重要的环节之一,它是在各种复杂变化的条件下,运动员迅速、合理、敏捷、协调、准确地完成各种动作的能力。灵敏协调素质是运动员反应速度、动作速度等的综合表现。在训练中我们经常用以下几种方法:

## 一、灵敏、协调素质训练的目的与方法

1. 训练目的

发展和提高灵敏与协调素质。

2. 训练方法

①躲闪拳套训练:两人一组一人用拳套投向练习者身体的各个部位;练习者防守或躲闪。

②练习者快速向前跑，听到教练员或同伴的信号后快速转身跑；跑的距离应在 20~30 米。

③练习者做转体 360°跳，听到教练或同伴的信号后向前冲刺跑。

④练习者趴在地板上，或盘腿坐好，听到教练员或同伴的信号后快速起立冲刺跑。

⑤躲闪摸肩、头、腹部练习：两人站在一定范围的场地内，做一对一的巧摸对方肩部、头部及腹部练习。

⑥技术组合练习：将不同的技术组合在一起进行练习，如：左直拳→右鞭腿→左转身后摆腿→左鞭腿等复杂的组合技术。

⑦抱腿跳→分腿跳→屈腿跳组合跳跃练习。

## 二、灵敏、协调素质训练的总体要求

①灵敏与协调素质练习要与其他素质练习综合进行。

②灵敏与协调素质训练不能时间过长。

③灵敏素质训练一般安排在运动员体力充沛、精神饱满的情况下进行，一般安排在训练课的前半部分。

# 第六节　功力训练

功力指打击力和抗击打力。是散打训练中独特的专项素质训练内容，它是融力量、速度、耐力、柔韧等身体素质为一体的专项训练方法。本节介绍的是除力量素质训练、速度素质训练方法之外的训练内容。

## 第七章 散打专项身体素质训练

## 一、击打能力

### 1. 击打能力训练的目的与方法

**(1) 训练的目的**

提高和发展击打能力。

**(2) 训练方法**

①打沙包练习：

打沙包是散打运动员为增强打击力量而使用较多的一种训练方法，通过拳腿的打击练习可以提高拳腿的绝对力量和爆发力，同时对提高身体的平衡能力，距离感和拳腿的准确性都有所帮助。（图 7-76）

图 7-76

**训练要求：**

①力点准确（如直拳以拳面接触沙包，鞭腿以脚腕至小腿下部接触沙包）。

②在打沙包之前一定要将自身的打击部位加以保护，如戴沙包手套等；以防击打部位表皮损伤，从而影响训练。

③打沙包时要注意动作规范性以避免关节挫伤。

④打沙包时要结合实战需要，调整距离，控制节奏，避免无攻防意识的一味乱打。

②摔沙人：

摔沙人训练主要是为了提高运动员使用摔法的力量和技巧。（图7-77~图7-82）

**训练要求：**

充分利用摔法技巧，沙人重量应接近或超过本人体重。

图 7-77

图 7-78

## 第七章 散打专项体质训练

图 7-79

图 7-80

图 7-81

图 7-82

（3）打靶练习：

手靶和脚靶是散打训练常用的辅助器材，练习时可以结合步法打靶练习，也可以进一步巩固和熟练基本技术，体会击打目标时的身体感觉和用力感觉，增大拳腿的打击力度和速度，从而提高拳腿的打击力量。

打手靶或脚靶时，两人一组，一人拿靶陪练，另一人运用拳或腿技术击打。（图7-83）。

图7-83

**训练要求：**

严格控制击打距离，必须处于实战距离的限制下，调整呼吸和击打节奏。

## 2. 击打能力训练的总体要求

①击打能力训练时要合理调节呼吸。

②击打能力训练要与力量训练、速度训练和耐力训练相结合，处理好负荷与间歇恢复的关系。

③击打能力训练要贴近实战，从实战要求出发合理安排击打能力训练。

## 二、抗击打能力

### 1. 抗击打能力训练的目的与方法

**(1) 训练的目的**

提高和发展抗击打能力。

**(2) 训练方法**

①前倒：并步站立，直体前倒，同时屏气，在将要倒地的瞬间屈肘直腕主动用两手拍击地面。（图7-84、图7-85）

图 7-84　　　　　图 7-85

②后倒：并步站立，屈膝后倒，两臂微屈，手心向下，肩背着地，触地前两臂拍地缓冲，双腿屈膝撑地，脚跟提起，髋腰上顶，仰卧于地面，也可屈膝蹬地做腾空后倒。（图7-86、图7-87）

散打技术与实战训练

图 7-86 　　　　　　　　　图 7-87

③侧摔：以向右侧摔为例。两脚并步站立，右脚向左前伸，左膝弯曲，上体向右侧倒，同时屏气，随着小腿、大腿、右臀依次触地，右手在体侧拍地。（图 7-88、图 7-89）

378

图 7-88　　　　　　　　　图 7-89

## 第七章　散打专项身体素质训练

**训练要求：**

注意缓冲，避免身体关节直接接触地面。

④自我拍打练习：自己对自己的要害部位和易伤部位进行拍打；可以用小沙袋进行拍打或用酒瓶等硬物对脚背、小腿等部位进行滚压拍打，拍打的力量由轻到重。

⑤互相拍打练习：两人互相拍打对方的要害和易伤部位。如：鞭腿拍打对方腹部、两肋或后背，拳法击打对方胸部、头部、腹部。（图7-90~图7-93）

图7-90

图7-91

图7-92

图7-93

## 2. 抗击打能力训练的总体要求

①抗击打训练时要注意安全，尤其要注意要害部位和易受伤部位的练习方法和技巧。

②要本着循序渐进的原则不可舍本逐末，要树立持之以恒的训练态度，培养坚韧不拔的意志品质。

③要结合实战针对性地进行训练，不能脱离实战，盲目胡乱拍打。

④训练结束后要及时的采取放松和恢复手段。如按摩、热敷等。

感谢您对《散打技术与实战训练》的支持和关注，您在阅读中如果需要与作者交流可发送

E-mail：wangzhihui7899@163.com